# 아시아 8개국 법제가이드

한국법제연구원

2021년 5월 25일 1판 1쇄 인쇄
2021년 5월 25일 1판 1쇄 발행

지 은 이　한국법제연구원
발 행 인　이헌숙
표　　지　김학용
발 행 처　생각쉼표 & 주)휴먼컬처아리랑
　　　　　경기 양평군 옥천면 용천로 37
전　　화　070) 8866 - 2220
등록번호　제 2009 - 000008호
등록일자　2009년 12월 29일

www.휴먼컬처아리랑.kr
ISBN 979-11-6537-143-2

"본 저작물은 '한국법제연구원'에서 '2020년' 작성하여
공공누리 제1유형으로 개방한 '아시아 8개국 법제가이드'을 이용하였으며,
해당 저작물은 '한국법제연구원, http://www.klri.re.kr'에서
무료로 다운받으실 수 있습니다."

# 목차

## 마카오 법률제도 개관 / Alexandr Svetlicinii        7
1. 들어가며        9
2. 입법체계        10
3. 입법과정        16
4. 마카오 기본법률        18
5. 마카오 법률 사이트        23

## 몽골 법률제도 개관 / Odgerel Tseveen        27
1. 들어가며        29
2. 입법체계        30
3. 입법절차        37
4. 몽골의 기본법        38
5. 몽골법 검색 방법        49

## 방글라데시 법률제도 개관 / Taslima Monsoor        51
1. 들어가며        53
2. 입법체계        54
3. 법률의 분류        57
4. 행정부-입법부 관계        65
5. 방글라데시 입법위원회(Bangladesh Law Commission)        65

## 베트남 법률제도 개관 / Le Mai Thanh          77

1. 들어가며                                      79
2. 법률제도                                      80
3. 입법절차                                      85
4. 베트남의 기본법                                88
5. 베트남 법률 출처 찾기                          94

## 인도 법률제도 개관 / S. Sivakumar             97

1. 들어가며                                      99
2. 입법제도: 개관                                100
3. 인도의 법률                                   102
4. 신세대 법률                                   110
5. 공익소송                                      114
6. 인도의 행정심판                                115
7. 인도 법률 및 판결문 정보 사이트                116
8. 나가며                                        118

## 인도네시아 법률제도 개관 / Andy Omara        119

1. 들어가며                                      121
2. 인도네시아의 법률제도: 개요                   122
3. 법률제도                                      124
4. 입법절차                                      129
5. 인도네시아의 기본법                           133
6. 인도네시아 법률의 법원(法源) 찾기             139

## 캄보디아 법률제도 개관 / Phalthy Hap    141

1. 들어가며    143
2. 입법체계    143
3. 입법절차    152
4. 캄보디아 주요 법률    156
5. 캄보디아 법률 정보센터    159

## 필리핀 법률제도 개관 / Alizedney Ditucalan    161

1. 들어가며    163
2. 역사적 발전    164
3. 필리핀의 현행 법률제도    169
4. 현대 필리핀 법률제도의 근원    169
5. 입법과정    176
6. 필리핀 기본법    178
7. 필리핀 법률 검색방법    182

# 마카오 법률제도 개관

Alexandr Svetlicinii

# 마카오 법률제도 개관

Alexandr Svetlicinii*

## 1. 들어가며

중화인민공화국 마카오특별행정구(Macao Special Administrative Region, SAR)의 법률체계는 법률의 성문화와 제정법이 1차 법원(法源)이라는 공통된 특징이 있다는 점에서 로마-독일법계에 속한다. 중화인민공화국 헌법에 명시되고 『마카오기본법』에 의해 이행되는 '일국양제(一國兩制)' 원칙에 근거하여 마카오특별행정구는 행정, 입법 및 사법권 행사에 있어 고도의 자치권을 향유한다. 1887년부터 1999년에 이르는 포르투갈 통치기부터 중국이 주권을 회복한 1999년을 거쳐 현재까지 마카오 법률체계의 지속성을 보장하기 위해 기본법에 저촉되거나 이후 마카오 입법기관이 개정 또는 폐지한 것을 제외하면 『마카오기본법』은 1999년 마카오특별행정구가 설립될 당시 시행 중인 법률, 행정법규 및 기타 규범성 문건을 그대로 유지하고 있다. 1987년에 발표한 '중화인민공화국 정부와 포르투갈공화국 정부의 마카오 문제에 관한 연합 성명'의 규정에 따라 중화인민공화국의 일부로서 마카오특별행정구의 특수한 지위는 중국이 주권을 회복한 1999년부터 50년간, 즉 2049년까지 달라지지 않는다. '마카오의 자본주의 체제 및 생활방식은 50년간 변하지 않는다'고 규정한 『마카오기본법』도 동일한 원칙을 천명하고 있다.

마카오특별행정구의 외교 및 방위사무는 중화인민공화국 중앙정부가 담당한다. 이를

---

\* 마카오대학교 법학부 부교수 E-mail: AlexandrS@um.edu.mo. 이 글은 2016년 발간된 Legal Systems of Asia: A Short Guide 에 실린 Introduction to Macao Law를 최신 개정 및 변화 등을 반영하여 국내 독자들을 위해 국문으로 번역, 편집한 것임을 알림.

위해 『마카오기본법』은 외교, 방위, 국가상징, 공휴일, 국가영토, 시민권 등을 규제하는 다수의 중화인민공화국 법률을 직접 적용하도록 규정하고 있다. 마카오특별행정구는 세계 각국, 각 지역 및 국제기구와 경제, 무역, 금융·통화, 운송, 통신, 관광, 문화, 과학기술 및 스포츠 분야에서 독립적으로 관계를 발전시키고 협정을 맺을 수 있다. 마카오특별행정구는 '중국 마카오' 명의를 사용해 회원 자격을 주권국으로 한정하지 않는 국제기구에 참여할 수 있다. 일례로 마카오특별행정구는 국제상업회의소, 국제관세기구, 세계기상기구, 국제무역기구 등과 같은 국제기구에 참여하고 있다. 이 글을 쓰고 있는 현재 마카오특별행정구는 벨기에 브뤼셀과 포르투갈 리스본에 경제 및 무역사무소를 유지하고 있다. 베이징에는 마카오특별행정구 사무소가 있고, 대만에는 마카오특별행정구 경제·문화사무소가 있다.

이 글에서는 간략한 소개를 통해 독자, 특히 마카오 법률에 관심이 있는 외국인 독자들이 마카오 법률체계를 전반적으로 이해하도록 돕고, 마카오특별행정구가 법률을 제정, 개정 및 폐지하는 입법절차를 설명하고자 한다. 이 글은 우선 마카오의 법원(法源)을 개괄적으로 설명 한 후 특정 유형의 법률 및 입법절차를 소개한다. 아울러 헌법, 민법, 형법, 상법, 민사소송법, 형사소송법, 행정법 등과 같은 마카오 주요 법률을 간략히 서술하고, 마카오 법률 및 공공기관을 활용할 수 있는 엄선된 웹사이트 목록을 소개하겠다.

## 2. 입법체계

### 1) 개요

마카오특별행정구의 법원(法源)상 최상위에는 중화인민공화국 헌법이 있다. 이 헌법은 '일국양제' 원칙에 입각해 마카오특별행정구가 존재하도록 하는 법적 근거를 규정한다. 마카오특별행정구의 외교는 중화인민공화국 중앙정부가 담당하고 있으며, 중국이 체결한 국제 조약은 조약법에 관한 비엔나협약(Vienna Convention on the Law of Treaties)에 규정된 원칙에 따라 마카오특별행정구에도 적용될 수 있다. 마카오특별행정구의 이익에 영향을 주는 조약을 체결하는 경우, 중화인민공화국 중앙정부는 마카오특별행정구 정부에 미리 의견을 구한다.

『마카오기본법』은 마카오특별행정구의 헌법적 성격을 띤 법으로 특구의 입법, 행정 및 사법 자치권의 행사와 정치조직에 대한 법적 근거를 규정하고 있다. 마카오특별행정구에서 입법권은 입법회(Legislative Council)가 행사한다. 입법회는 특구의 입법기관으로 직·간접으로 선출된 마카오특별행정구의 영구 거주민으로 구성된다. 입법회는 직선의원 14인, 직능별 간선의원 12인과 행정장관이 임명한 의원 7인으로 구성된다. 입법회의 주요 직권은 『마카오기본법』에 따라 법률을 제정, 개정, 일시적 시행 중지 및 폐지하는 것이다. 행정장관은 행정부인 마카오특별행정구 정부의 수장이다. 『마카오기본법』은 여러 직권 이외에 행정법규를 제정, 공포 및 집행 할 권한을 행정장관에게 부여하며, 이와 동시에 행정장관은 입법회가 채택한 법률을 공포한다.

『마카오기본법』은 입법회가 제정한 법률과 행정장관이 공포한 행정법규 간의 관계는 언급하지 않으나 법적 불확실성은 2009년 법률 제13호(역주: 법률 13/2009, 『내부규범제정에 관한 법률제도』)로 상당히 감소했다. 법률 13/2009는 『마카오기본법』에 따라 행정장관은 자체행정법규를 공포할 권한이 있다고 규정한다. 다시 말해, 자체행정법규는 법률을 집행하지는 않지만 입법회가 채택한 법률로 규제되지 않는 사안에 한해 자체적으로 새로운 법규범을 수립한다. 또한 법률 13/2009는 입법회와 행정장관의 입법권한을 구분하며, 입법회가 제정한 법률이 행정장관의 행정법규보다 우선한다고 명시한다. 행정장관의 자체행정법규는 입법회가 제정한 법률에 명시된 규범을 해석, 수정, 일시적 시행 중지를 하거나 취소할 수 없다. 법률집행을 추진하기 위해서는 부수적인 행정법규가 공포된다. 마지막으로, 행정장관의 행정명령은 이미 제정된 법률 및 행정법규를 시행하는 것이므로 상위법률에 저촉되는 조항을 포함할 수 없다.

마카오 법률체계는 대륙법계에 속하므로 법원의 판결은 선례구속의 원칙이 없어 판례법과 같은 지위는 없다. 그러나 동시에 특히 제정법으로는 아직 완전히 규제되지 않고 있는 새롭거나 불확실한 사안의 경우에는 마카오 법원의 법리가 법규의 해석 및 적용과 완전히 무관한 것은 아니다. 마카오 법원의 법리의 중요성은 마카오 내 법원 및 법관의 숫자가 적어 사법해석이 사실상 불가역적이라는 점에서 또한 중요하다. 1999년에 포르투갈과의 관계가 끊긴 이후, 마카오 법원의 판결은 더 이상 리스본에 항소 할 수 없고, 종심법원이 마카오 법리 전개에 최종 결정권이 있다.

## 2) 법령 유형

### (1) 마카오기본법

『마카오기본법』은 『중화인민공화국 헌법』 제31조에 따라 전국인민대표회의에서 통과시킨 중화인민공화국의 전국성 법률이다. 『중화인민공화국 헌법』 제31조는 '국가는 필요시 특별행정구를 설치 할 수 있다. 특별행정구에 수립되는 제도는 특수한 조건을 고려하여 전국인민대표회의에서 제정하는 법률에 명시되어야 한다'고 규정한다. 『마카오기본법』은 마카오 헌법 체계의 초석으로 특별행정구의 사회·경제제도, 거주민의 기본적 권리와 자유를 수호하는 제도, 입법, 행정 및 사법 체계에 대한 기본 원칙을 세웠다. 마카오특별행정구 정부당국이 통과시키는 모든 법령은 『마카오기본법』을 위반해서는 안 된다. 『마카오기본법』은 사유재산권을 포함해 마카오 거주민 및 특구에 살고 있는 자들의 권리와 자유를 보장하는 동시에, 1999년 마카오특별행정구가 성립되기 이전에 사유 토지로 인정된 것을 제외하고 마카오특별행정구 경내의 토지 및 자연자원은 국유재산임을 선언하고 있다. 마카오특별행정구에서는 입법, 행정 및 사법기관을 포함해 모든 공무에 중국어와 포르투갈어를 사용 할 수 있다. 마카오특별행정구는 중화인민공화국의 일부로서 고유의 시민권이 없으므로, 마카오에 살고 있는 개인들의 권리와 의무는 거주에 근거해 구분된다. 『마카오기본법』은 영구적 거주민과 비영구적 거주민을 구분한다. 마카오특별행정구의 영구 거주민은 ① 마카오특별행정구 설립 이전 또는 이후에 마카오에서 태어난 중국 공민과 그가 마카오 이외 지역에서 낳은 중국 국적의 자녀, ② 통상적으로 연속 7년 이상 마카오에 거주한 중국 공민, ③ 마카오에서 출생하고, 마카오를 영구적 거주지로 삼은 포르투갈인, ④ 통상적으로 연속 7년 이상 마카오에 거주한 포르투갈인, ⑤ 이상

적용되는 사람 이외에 통상적으로 연속 7년 이상 마카오에 거주한 사람을 포함한다. 마카오특별행정구의 영구 거주민은 법에 따라 선거권 및 피선거권을 포함해 공무관리에 참여할 권리가 있다. 반면, 비영구적 거주민은 마카오거주민 신분증을 취득할 자격은 있으나 거류권은 갖지 못하고, 공법 및 국가사무와 같은 일정 분야에 있어 행위능력이 제한된다.

「마카오기본법」을 해석할 전권은 전국인민대표대회 상무위원회에 있다. 마카오특별행정구 법원도 사건 판결 시 「마카오기본법」을 해석할 수 있다. 그러나 그 해석이 중앙인민정부의 책임인 사무나 중화인민공화국 당국과 마카오특별행정구의 관계와 연관이 있는 경우에 마카오 법원은 전국인민대표대회 상무위원회에 「마카오기본법」 조항에 대한 해석을 요청하여야 한다. 이와 같은 요청은 마카오특별행정구 종심법원을 통과해야 하고, 각급 법원은 전국인민대표대회 상무위원회의 해석을 따라야 한다.

「마카오기본법」은 전국인민대표대회의만이 개정할 수 있다. 개정 제안권은 전국인민대표대회 상무위원회, 국무원과 마카오특별행정구에 있다. 마카오특별행정구 개정안은 전국인민대표대회의 마카오특별행정구 대표의 3분의 2 이상과 입법회 전체 의원의 3분의 2 이상의 동의 및 마카오특별행정구 행정장관의 동의를 얻어야 한다.

### (2) 조약 및 국제법

중화인민공화국의 특별행정구 가운데 하나인 마카오특별행정구는 국제 규칙 제정에 있어 제한적인 권한을 갖고 있다. 마카오특별행정구의 외교 사무는 중국 중앙인민정부의 책임으로 특구에 설치된 중앙인민정부의 외교부 특파원 공서를 통해 수행한다. 특파원 공서의 주요 업무는 ① 마카오특별자치구의 외교사무를 처리하고, ② 마카오특별자치구의 국제기구 참여, 마카오 내 국제기구 사무소 설립 및 마카오에서 개최되는 정부간 회의를 조율하고, ③ 마카오특별자치구의 국제조약 및 협정 가입과 관련된 사안에 대해 마카오정부와 중앙인민정부 간의 연락을 담당하며, ④ 마카오특별자치구 내 외국공관의 활동을 조율한다. 특파원 공서에는 정책연구부, 국제기구 및 법률사무부, 영사부, 정보 및 공공외교부, 그리고 총무부의 5개 부서가 있다.

마카오특별자치구에 대한 국제조약의 적용은 특구의 상황과 필요에 따라 중앙인민정부가 마카오특별자치구 정부와 협의를 통해 사안별로 결정한다. 중앙인민공화국이 당사자는 아니나 마카오특별행정자치구에서 연속성 원칙에 따라 이미 시행되어 오고 있는 국제 조약이 다수 있다. 이들 조약은 계속 시행할 수 있으며, 중앙인민정부는 관련된 국제조약 시행 시 필요하면 마카오특별행정구 정부에 권한을 부여하거나 또는 지원한다. 예를 들어 『마카오 기본법』은 시민적 및 정치적 권리에 관한 국제규약(International Covenant on Civil and Political Rights), 경제적·사회적 및 문화적 권리에 관한 국제규약(International Covenant on Economic, Social and Cultural Right)과 일부 국제노동협약의 적용을 마카오특별자치구 법률로 견지했다. 마카오특별행정구는 경제, 무역, 금융·통화, 해운, 통신, 관광, 문화, 과학기술 및 스포츠 분야에서 '중국 마카오' 명의를 사용해 세계 각국, 각 지역 및 국제조직과 협정을 체결하고 이행할 수 있다. 마카오특별행정구는 '중국 마카오'의 명의하에 국가를 단위로 하지 않는 국제기구와 국제회의에 참가할 수 있다.

『마카오기본법』에 따라 마카오특별행정구는 자체적으로 출입경 정책을 시행하고 세계 각국 및 각 지구의 사람들의 입경, 체류 및 출경을 규제할 권한이 있다. 마카오특별행정구는 마카오 거주민이 아닌 외국인 및 중국 공민에게 별도의 이민 조건을 적용한다. 일례로 70개국 이상의 국민들이 행정장관의 결정으로 비자 또는 입경 허가요건의 면제를 받았다. 마카오특별행정구는 각국과 상호 비자면제협정을 협상하고 체결할 때 중앙인민정부의 지원을 받는다. 마카오특별행정구에 입경하고자 하는 외국인에 대한 비자 발급은 중화인민공화국 외교부의 해당 영사관이 처리한다. 마카오특별행정구 정부는 마카오특별행정구의 영구거주민 신분증을 소지하고 있는 중국 공민에게 마카오특별행정구 여권을 발급하고, 마카오특별행정구의 기타 합법적인 거류자에게 마카오특별행정구 여행증명서를 발급할 권한이 있다.

### (3) 입법회 법률

법률은 입법회가 채택하고 행정장관이 공포한 제정법이다. 법률은 『마카오기본법』과 저촉되어서는 안 된다. 법률 13/2009는 입법회와 행정장관의 입법권한을 명확히 구분하였다. 법률 13/2009에 따라 입법회는 다음의 분야를 규제하는 법률을 채택할 독점 권한이 있다: ① 기본 권리와 자유, 그리고 『마카오기본법』과 기타 법령에 규정된 그 외의 보장, ② 마카오특별행정구 거주민의 지위, ③ 마카오특별행정구의 거주 제도, ④ 유권자 등록 및 선거제도, ⑤ 범죄의 정의, 경범죄, 벌칙, 보안조치 및 적용방법, ⑥ 행정 범죄 및 제재 조치에 대한 통칙, ⑦ 입법회 의원의 지위, ⑧ 입법회 및 지원 인력의 지위, 구성 및 직권, ⑨ 민법전 및 상법전, ⑩ 행정절차법전, ⑪ 민사 절차, 형사 절차, 행정 절차 및 중재, ⑫ 민사 등기 및 공증 법전, ⑬ 공표 대상인 법률(제정법) 및 기타 법령의 종류, ⑭ 공무원 관련 통칙, ⑮ 예산 및 회계분야, ⑯ 토지의 법적 지위, 토지 이용, 도시 계획 및 환경, ⑰ 통화 및 재정시스템 규제와 대외무역 활동, ⑱ 공공목적을 위한 공유, 징발 및 수용, ⑲ 마카오기본법이 입법회의 법률로 규제하도록 정한 기타 사항.

### (4) 행정장관의 행정법규

행정법규는 행정장관이 공포하는 제정법이다. 행정법규는 자치법규와 부속법규 두 유형으로 나뉜다. 자치행정법규는 『마카오기본법』과 입법회가 통과시킨 법률에 저촉되지 않는 선에서 새로운 법규정을 제정할 수 있다. 부속행정법규는 법률의 시행을 위해 채택된 일종의 하위법령이다. 법률 13/2009는 입법회와 행정장관의 입법 권한을 명확히 구분하였다. 행정장관은 다음과 같은 분야에서 자체 행정법규를 공포할 권한이 있다. ① 정부 정책의 수립, 시행 및 집행을 위한 규칙, ② 공무 관리를 위한 규칙 및 절차, ③ 마카오특별행정구 정부의 조직 및 직권과 구성원의 법적 지위, ④ 입법회가 감시 및 규제 업무를 위임한 공공기관을 제외하고 행정부, 공무원 및 하위조직, 법원, 검찰관, 감사관, 염정(廉政)전문위원과 범죄 수사당국을 포함해 시민의 기본 권리와 자유에 직접 관여하는 당국의 조직 및 구성, ⑤ 행정회의 조직 및 직권과 위원의 법적 지위, ⑥ 행정 범죄 및 각 범죄별 벌칙(500,000 파타카(MOP) 이하)의 결정, ⑦ 입법회의 입법 전속사항이 아닌 기타 사항.

### (5) 중화인민공화국의 전국성 법률

『마카오기본법』에 따라 마카오에 적용되는 중화인민공화국의 법률은 다음과 같다: ① 중화인민공화국의 수도, 기준년도, 국가, 국기에 관한 결의, ② 중화인민공화국 국경일에 대한 결의, ③ 중화인민공화국 국적법, ④ 중화인민공화국 외교 특권 및 면책 규정, ⑤ 중화인민공화국 영사 특권과 면책 규정, ⑥ 중화인민공화국 국기법, ⑦ 중화인민공화국의 국휘(國徽)법, ⑧ 중화인민공화국 영해와 인접지역법, ⑨ 중화인민공화국 배타적 경제수역 및 대륙붕법, ⑩ 중화인민공화국 마카오특별행정구 군대 주둔법, ⑪ 중화인민공화국 외국 중앙은행 재산의 사법적 강제조치 면제법, ⑫ 중화인민공화국 국가(國歌)법. 이 법률들은 대부분 마카오특별자치구 자치권 밖의 외교, 방위 및 기타 사항과 관련있다. 전국인민대표회의는 앞서 언급한 법률에 다른 전국성 법률을 추가 또는 삭제할 수 있다.

## 3. 입법과정

### 1) 개요

마카오특별행정구 입법과정의 특이점은 『마카오기본법』이 입법회와 행정부를 대표하는 두 기관(입법회와 행정장관)에 법률을 공포할 권한을 준다는 점이다. 중복되는 입법활동이나 갈등을 방지하기 위해 법률 13/2009은 이 두 기관의 입법 분야를 구분하였다. 그 결과, 법률과 행정법규는 별도의 입법 절차에 따라 채택된다. 의회와 유사한 입법회는 다수결 의결을 통해 합의제 방식으로 법률을 논의하고 채택한다. 입법회 회의는 재적의원 2분의 1 이상의 출석으로 개의하는 반면, 법률은 보통 단순 다수로 채택한다. 이후 법률은 거부권을 갖고 있는 행정장관에 전달되어 공포된다. 행정법규는 행정회(Executive Council)와 협의하여 행정장관이 단독으로 공포한다. 행정회는 입법회에 법안을 상정하기 전에 행정장관과 협의하여야 한다. 행정장관은 행정회의 권고사항을 반드시 따를 필요는 없다.

마카오특별행정구의 재정 예산도 독특한 절차를 거쳐 채택되는데 행정장관이 입법회의 채택을 위해 각 예산안을 제출한다. 입법회가 정부에서 제출한 재정 예산을 부결시킬 경우, 행정장관은 그 직전 재정년도의 지출을 초과하지 않는 임시 단기 예산을 승인할 수 있다. 입법회가 예산 통과를 거부하는 경우, 행정장관은 행정회와 협의하여 입법회를 해산할 수 있고 대중에게 그 결정 근거를 설명하여야 한다.

## 2) 입법절차

입법회는 마카오특별행정구의 입법기관이다. 입법회 조직은 각 전문분야 별로 7~11인의 의원으로 구성되는 상임위원회로 이루어 진다. 상임위원회의 주요 직무는 입법회가 채택하도록 제안한 법안을 심사하고 의견을 제시하는 것이다. 입법회의 회기는 10월 15일부터 8월 15일까지이다.

법안은 입법회 의원이 단독으로 또는 9인이 공동으로 제출하거나 행정장관이 서명하여 마카오특별행정구 정부가 제출할 수 있다. 정부 정책과 관련이 있는 법안은 입법회 의원이 제출하기 전에 행정장관의 서면 동의를 얻어야 한다. 다음 분야에 대한 입법 계획은 마카오특별행정구 정부에 전속된다: (1) 입법회의 선거법, (2) 공공 세입·세출, (3) 정치구조, (4) 정부의 직권. 법안 심의는 보통 2단계-발의자의 법안 제출과 입법회 본회의에서 심의-로 이루어 진다. 일반적으로 입법회가 승인한 법안은 담당 상임위원회에 제출해 심사한다. 상임위원회는 법안을 상세히 심사하여 입법회를 위한 보고서를 작성한다. 상임위원회의 보고서가 제출되면 법안은 최종 표결을 위해 입법회 본회의에 상정된다. 그 중 다수결을 필요로 하는 법을 제외하고 입법회의는 전체 의원 2분의 1 이상의 출석과 단순 다수(전체의원의 2분의 1 이상)로 법률을 채택한다.

입법회를 통과한 법률은 행정장관에게 제출되고 공포된다. 행정장관은 법률이 특별행정구의 이익에 부합하지 않는다고 인정할 경우, 90일 이내에 법안을 입법회에 반송하여 재심의를 요청할 수 있다. 입법회가 3분의 2 이상의 다수결로 법률을 원안대로 통과시킬 경우, 행정장관은 30일 이내에 공포하여야 한다. 행정장관은 입법회에서 재차 통과시킨 법률의 공포를 거부함으로써 입법회를 해산할 수 있다. 행정장관은 입법회 해산권을 임기 중 1회만 행사할 수 있다. 해산 후 새로 구성된 입법회가 다시 문제의 법안을 3분의 2 이상의 찬성을 얻어 통과시켰으나 행정장관이 공포를 거부하는 경우, 행정장관은 사직하여야 한다.

행정 규정은 행정장관이 행정회와 협의를 거쳐 제정한다. 행정회의는 행정장관이 소집하여 월 1회 이상 개최된다. 행정회의는 재적의원 과반수가 출석하는 경우 개의할 수 있다. 회의 논의사항, 행정회가 표결한 결의사항 및 행정장관이 행정회의 결의안을 거부하는 이유를 의사록에 기록하여야 한다. 안건이 복잡해 심도 있는 논의가 필요한 경우, 행정장관은 행정회 위원 3인 이상으로 구성된 위원회를 지명하여 해당 안건에 대한 보고서를 작성하도록 한다.

## 4. 마카오 기본법률

### 1) 개요

마카오특별행정구 법률의 기본적인 요소는(「마카오기본법」에 기초한) 헌법, 민법, 형법, 행정법, 상법, 노동법, 게임법, 민사소송법 및 형사소송법이다.

### 2) 헌법

마카오특별행정구는 주권국이 아니므로 자체 헌법이 없다. 특구의 정치 조직은 중화인민공화국 헌법에 기초하며, 전국인민대표회가 채택한 국법인 「마카오기본법」에 자세히 규정되어 있다. 「마카오기본법」은 중화인민공화국 헌법에 담긴 '일국양제' 원칙에 근거하여 마카오특별행정구에서 권력(입법권, 행정권, 사법권) 분리와 자치를 규정한다. 마카오특별행정구에서 입법권은 입법회가 행사한다. 입법회는 직·간접적으로 선출된 마카오

영구 거주민 33인(직선 마카오 거주민 14인, 직능 간선 12인 및 행정장관이 임명한 의원 7인)으로 구성된 합의체이다.

행정권은 행정장관이 수장인 마카오특별행정구 정부가 행사한다. 행정장관은 마카오특별행정구를 대표하고 중앙인민정부에 맡은바 책임을 다한다. 행정장관은 다음과 같은 각계 인사 400명으로 구성된 선거위원회에서 선출한다: (1) 상공, 금융계 120인, (2) 문화, 교육 및 기타 업종 115인, (3) 노동, 사회복지, 종교 및 기타분야 115인, (4) 입법회 위원 대표, 시정기구(市政機構) 대표, 전국인민대표회의 마카오 대표 및 전국정협위원회의 마카오 대표 50인. 선거위원회가 선출한 후보자는 중앙정부가 5년 임기로 지명한다. 동일인은 행정장관직을 2회 이상 연임할 수 없다. 1999년부터 현재까지 마카오특별행정구 행정장관직은 Edmund Ho Hau Wah(1999년~2009년, 연임), Fernando Chui Sai On(2009년~2019년, 연임) 및 Ho Iat Seng(2019~현재)이 맡고 있다. 행정회는 7~11인으로 구성된 합의체로 행정장관의 정책 입안을 지원한다. 행정회의 의원은 마카오특별행정구 정부의 주요인사, 입법회 의원과 마카오특별행정구의 영구 거주민 가운데 중국 공민인 사회인사 중에서 행정장관이 임명한다. 행정장관은 중요한 정책을 결정하거나 입법회에 법안을 상정하거나 행정 법률을 제정하기 전에 반드시 행정회와 협의하여야 한다. 행정회는 보통 비공개로 월례 회의를 개최한다.

마카오특별행정구의 사법체계는 제1심 법원, 제2심 법원(중급법원)과 종심법원으로 구성된다. 마카오특별행정구에는 전문 법원인 행정법원 1개소가 설치되어 있다. 행정법원은 제1심 법원으로 행정소송과 세무소송을 관할한다. 법관은 행정장관이 임면한다. 『마카오기본법』은 외국 국적인 법관의 임명과 외국 변호사의 마카오변호사협회 가입을 허용한다.

### 3) 민법

현 민법전은 중화인민공화국이 마카오에 대한 주권을 회복한 이후 1999년에 채택되었다. 『마카오기본법』에 담긴 연속성 원칙을 따라 민법전(1999년)은 포르투갈 민법전(1966

년)과 매우 유사하다. 민법전에는 기본적인 대륙법 분야에 해당하는 총칙, 채권, 재산법, 가족법 및 상속법이 포함된다. 민법전의 총칙은 '법률관계' 개념에 따라 구성되는데 사람, 사물, 사실관계 및 보장의 4가지 요소를 포함한다. 채권법은 계약 및 비계약상(불법행위) 채권을 다룬다. 계약법은 협상과 계약 체결, 이행 및 해지에 대한 규정을 포함한다. 민법전은 매매, 증여, 임대차, 대출, 고용, 용역계약, 위임, 예금, 건설, 종신 연금과 도박 및 내기와 같은 특정 유형의 계약 규정을 포함한다.

### 4) 형법

대륙법에 공통된 성문화 전통에 따라 마카오특별행정구의 형법은 1996년부터 시행된 형법전으로 성문화되었다. 16세 이상인 자연인만이 형사책임의 주체가 되며, 범죄 예비는 범죄 미수와 구분되고 후자만이 처벌대상이다.

공범자도 범죄에 대한 책임은 주범과 같으나 처벌은 역할에 따라 달라진다. 형법전에 명시된 형사 범죄는 각 범죄가 침해한 공익적 가치, 특히 사람, 재산, 평화 및 인권, 사회생활 및 국가안보에 따라 정리되어 있다. 동시에 특정 분야와 관련된 범죄는 『사이버범죄법』(법률 11/2009), 『인신매매법』(법률 6/2008) 및 『자금세탁법』(법률 2/2006) 같은 입법회의 법률을 통해 불법화되었다.

중화인민공화국과 달리 마카오특별행정구는 사형이 없다. 범죄는 징역이나 벌금과 같은 벌칙을 통해 처벌한다. 종신형도 금지되며, 최고형은 25년(여러 범죄를 동시에 저지른 경우에는 30년)을 초과할 수 없다. 마카오 형법은 서양 법체계에 확립된 다음의 원칙을 따른다: '성문법 없이는 범죄도 없다'는 원칙(*nullum crimen sine lege scripta*, 행정 규정 또는 판례가 아닌 성문 법률만이 형벌의 근거가 된다), '법률이 없으면 범죄도 없다'는 원칙(*nullum crimen sine lege praevia*, 유죄 판결은 행위 또는 부작위 전에 제정된 법률에 의한다), 명확성의 원칙(*nullum crimen sine lege certa*, 형법의 표현은 모호하지 않아야 한다) 및 유추 해석 금지 원칙(*nullum crimen sine lege stricta*, 형법 내용의 해석 시 유추 적용은 금지된다).

## 5) 행정법

행정법은 행정 및 공공기관의 운영을 위한 조직 및 절차를 규정한다. 마카오특별자치구 정부의 수장은 행정장관이고 행정장관은 행정법무사장, 경제재정사장, 보안사장, 사회문화사장 및 운수공무사장 5인이(주권국가의 장관에 해당됨) 보좌한다. 이들 사장(司長)은 소관 분야에서 정부 시책을 이행하나, 재량권은 관련 법률 및 행정장관의 명령에 제한을 받는다. 각 사장은 소관 분야의 다양한 공공단체 및 기관을 지도 및 관리감독할 책임이 있다. 경찰총국, 마카오 해관, 염정공서 및 감사서도 행정기관에 포함된다. 중국에 있는 마카오특별행정구 및 외국의 대표자는 행정장관(의전, 홍보 및 대외업무실)에게 직접 보고한다.

## 6) 상법

마카오 상법은 상법전(1999)에 성문화되었고 회사 및 상업 계약에 대한 규정으로 구성된다. 마카오특별자치구에서 사업 활동은 개인사업자(무한책임), 합자조합, 민간기업 및 공기업과 같은 다양한 법적 형태로 영위할 수 있다. 상법전은 공급, 위탁, 운수·운송, 대리점, 영업권, 프랜차이즈, 중개행위, 광고, 다양한 은행 계약, 보험, 숙박 및 다양한 양도성 증권과 같은 다수의 특수한 계약도 규제한다. 상법전은 다수의 상업거래 및 사업체에 대한 규정을 통합하였으나, 몇몇 사안 특히 중재, 파산, 상업등기부, 해상운송 및 전자상거래 분야는 특별법의 대상이다.

## 7) 노동법

적은 인구와 카지노 중심인 경제라는 특수 조건으로 인해 마카오 정부의 노동 정책은 거주민인 근로자를 우선시 하는 동시에 외국 인력의 수입을 조건으로 갖게 되었다. 「노동관계법」(법률7/2008)은 당사자 간에 기한부, 가변 또는 무기한의 고용 계약을 허용한다. 통상 근로직은 고용인이 수행하는 업무의 성격에 따라 보통 30~180일 간의 수습 기간이 선행된다. 정상 근무 시간은 1일 8시간, 주당 48시간으로 제한된다. 외국 인력을 수입하려면 고용주는 마카오특별행정구 정부 노동국에 비거주민 근로자 고용 신청서를 제출하여야 한다. 비거주민 근로자는 전문·우수인력, 단순 노동직 및 가사 노동자와 같은 분야에서 고용할 수 있다. 승인을 받은 비거주민 근로자는 취업 허가증의 조건(명시된 고용주와 직책)을 철저히 지켜 근무하여야 한다. 법률 8/2020으로 도입된 최근 개정 조항은 여성을 위한 출산휴가를 56일에서 70일로, 남성의 출산휴가를 2일에서 5일로 연장했다.

### 8) 게임법

마카오 경제에서 차지하는 카지노게임 산업의 중요성으로 인해 『게임법』은 마카오 법률분야에서 특별한 위치에 있다. 지역경제를 다변화하려는 지속적인 노력에도 불구하고 그 결과는 그리 크지 않다. 마카오에서 공공사업으로서 카지노게임은 국가가 관리하며, 정부와 영업권 계약을 통해 민간 업체가 운영할 수 있다. 현재의 영업권 모델은 포르투갈이 통치하던 1961년에 게임 영업권을 단일 업체인 *Sociedade de Turismo e Diversões de Macao*(STDM)에 부여하면서 시작되었다. 2001년 정부는 게임 영업권 수를 늘려 시장 개방을 결정했고, 2002년에는 STDM의 자회사인 *Sociedade de Jogos de Macau*와 *Galaxy Casino S.A.* 및 *Wynn Resorts(Macao) S.A.*에 게임 영업권을 허가했다. 이후 영업권 계약 변경을 통해 *Venetian Macao S.A.*, *MGM Grand Paradise, S.A.* 및 *Melco PBL Jogos (Macau) S.A* 등 3사에 영업권을 허용해 게임 산업의 시장 참가자는 6개 업체가 되었다. 『마카오 게임법』(법률16/2001)은 다양한 게임 관련 활동, 게임 프로모터와 같은 인력 및 업체와 도박자금 융자 및 돈세탁 방지에 대한 다양한 규정을 명시하고 있다. 게임 법규의 시행은 마카오특별자치구 정부 도박감시국(Gaming Inspection and Coordination Bureau)에 위임된다.

### 9) 민사소송법

현 『민사소송법』은 『포르투갈 민사소송법』(1961년)을 계승해 1999년부터 시행되었다.

민사소송규정은 「민법」, 「상법」, 「토지등록법」, 「공증법」과 「상업등기법」과 같은 전문법과 여러 보완 법령에 명시되어 있다. 마카오 민사소송은 상대편에게 진술 기회 및 입증자료를 제출할 기회를 제공하지 않고는 결정 및 구제책을 결정할 수 없다는 대심제도에 기초한다.

### 10) 형사소송법

「형사소송법」은 1996년 형사소송법전에 성문화되었다. 국가를 대신해 검사가 형사소추를 담당하고 사법 경찰이 수사 조치를 수행한다. 형사소송의 1 단계는 수사이며 사법 경찰의 지원을 받아 검사 및 기타 관련 당국이 법원에 기소 여부를 결정하기 위해 사건의 사실 관계를 조사한다.

피고측 변호인의 전략에 따라 제2단계에서 내려진 기소 결정은 법원에서 심사할 수 있다. 제3단계는 사건에 대한 공판으로 검사와 피고가 재판부가 평가할 증거를 제시한다. 「마카오기본법」은 공정한 재판, 무죄추정원칙 및 기판력을 보장하며, 「형사소송법」은 증거 수집 및 증거 능력에 대한 구체적인 규정을 명시한다. 「형사소송법」은 피해자에게 특별한 절차적 권리를 부여하여, 피해자가 특별한 절차적 조치를 요청하고 피고가 초래한 피해 보상을 청구하도록 허용한다.

## 5. 마카오 법률 사이트

### 1) 개요

「마카오기본법」에 따라 마카오특별행정구에서는 중국어 및 포르투갈어가 공식 언어로 사용된다. 따라서 대부분의 마카오 법률은 이 두 언어로만 이용할 수 있으며 마카오 공공기관의 웹사이트도 마찬가지다. 특구의 면적이 작고 언어 면에서 인구의 동질성이 크기 때문에 마카오 법률에 대한 체계적인 영문 번역은 없다. 공공기관 웹사이트는 무작위로 선정된 소수의 일반 법률 및 규정의 영문본만을 제공하고 있기 때문에 영어 사용자와 마카오 법률 및 법제도 정보를 국제적으로 확산시키는데 큰 난점이 된다. 마카오 법률을 다룬 영문 서적은 다음과 같다: Tong Io Cheng, 마카오 계약법(Kluwer, 2009); Jorge AF Godinho, 마카오 상법 및 법률제도(LexisNexis, 2007); Jose Eduardo Figueiredo Dias, 마카오 행정법(LexisNexis, 2012); Manuel Trigo(ed.), 마카오 법률 보고서(LexisNexis, 2014); Jianhong Fan, Yuan Zhao, Lao Lo Keong, 마카오 법인 및 조합(Kluwer, 2012); Jianhong Fan, Alexandre Dias Pereira, 마카오 상법 및 경제법(Kluwer, 2011).

### 2) 법령

#### (1) 마카오특별행정구 정부포탈 (http://portal.gov.mo/)

마카오특별행정구 정부의 공식 웹사이트에는 마카오 거주민, 여행객 및 상인들을 위한 다양한 공공 정보를 중국어, 포르투갈어 및 영어로 제공하며 마카오의 다양한 공공기관 웹사이트에 대한 링크도 포함되어 있다.

#### (2) 마카오특별행정구 입법회 (http://www.al.gov.mo/)

마카오특별행정구 입법회의 공식 웹사이트는 입법회가 채택한 법률(연도별로 검색 가능)을 중국어 및 포르투갈어로 제공하고 있다.

#### (3) 마카오 법률포털 (http://www.macaolaw.gov.mo/)

마카오 법률 공식 포털은 마카오특별행정구 정부 및 다른 행정기관들이 공표하는 법률, 규정 및 기타 공공 정보와 같은 다양한 법률 정보를 제공하며, 이들 정보는 중국어 및 포르투갈어로 이용 할 수 있다.

(4) LegisMac (http://legismac.safp.gov.mo/)

LegisMac은 1999년 이전 및 이후에 마카오에서 공포된 7만 건 이상의 법률 및 하위 법령을 취합한 방대한 공공 데이터베이스로 중국어 및 포르투갈어로 서비스 하고 있다.

(5) 마카오특별행정구 정부 인쇄국 (http://en.io.gov.mo/)

마카오특별행정구 정부 인쇄국의 공식 웹사이트는 마카오특별행정구 공보에 게재된 엄선된 법률의 영문본을 제공하고 있다.

(6) 마카오 법원포탈 (http://www.court.gov.mo/)

마카오 사법시스템의 공식 웹사이트인 마카오 사법포탈에서는 종결 또는 계속 중인 법원사건 정보를 중국어 및 포르투갈어로 무료로 볼 수 있다.

(7) 마카오 무역투자진흥원 (http://www.ipim.gov.mo/)

마카오 무역투자진흥원 공식 웹사이트는 영어 선택 옵션이 있으며, 마카오에서 사업을 하고자 하는 외국인 투자자 및 사업가들을 위해 투자 거주, 사업 환경 및 MICE(기업 회의, 포상 관광, 컨벤션, 전시) 산업 활동 등과 같은 관련 분야를 규제하는 엄선된 법령 텍스트를 제공한다.

(8) 사법연수센터 (http://www.cfjj.gov.mo/)

사법연수센터 공식 웹사이트는 다양한 마카오 법률 분야에 대한 엄선된 법령, 교과서 및 메뉴얼을 중국어 및 포르투갈어로 제공하고 있다.

(9) 마카오변호사협회 (http://www.aam.org.mo/)

공적인 규제 권한이 있는 유일한 전문협회인 마카오변호사협회의 공식 웹사이트는 마카오 변호사의 지위 및 조직과 마카오변호사협회 가입조건에 대한 다양한 정보와 회원가입을 위한 연락처를 제공한다. 대부분의 정보는 중국어 및 포르투갈어로만 이용할 수 있기 때문에 마카오 법률에 대한 추가정보를 얻고자 하는 영어 사용자는 개업 변호사들을 첫 창구로 이용하게 된다.

### (10) 마카오대학교 법학부 (https://fll.um.edu.mo/)

마카오의 유일한 종합 공공고등교육기관인 마카오대학교는 마카오 법학계의 기둥 같은 기관으로서 마카오 법률에 대한 다양한 출판물을 중국어, 포르투갈어 및 영어로 발행하고 있다. 마카오의 법률에 대한 추가 정보를 얻고자 하는 영어 사용자를 위해 법학부 교수진이 연락창구 역할을 할 수 있을 것이다.

# 몽골 법률제도 개관

Odgerel Tseveen

# 몽골 법률제도 개관

Odgerel Tseveen*

## 1. 들어가며

이 글은 몽골 법체계의 개요와 주요 특징을 소개하고 몽골 법률제도에 대한 기본 정보의 제공을 목적으로 한다.

1990년부터 1992년에 걸쳐 몽골은 과거의 공산주의 이념과 구소련 체제에서 벗어나 헌법적 민주주의, 자유 시장 경제, 다당제 정치 체제, 단원제 국회로 정치적 변환을 겪었다. 짧은 기간에 대대적인 사회정치학적, 경제적 변화를 겪으면서도 몽골은 이런 복잡미묘하면서 값비싼 과정을 효과적으로 치러냈다. 혁명적 변환은 아직도 진행 중이며, 이 가운데 상당 부분은 몽골에서 진행 중인 법제 및 사법 개혁의 렌즈를 통해서도 확인할 수 있다.

우선 몽골의 법은 독일법, 즉 대륙법 체계를 따르고 있다는 것을 알아둘 필요가 있다. 다시 말해, 몽골은 미국이나 영국, 또는 불문법 전통을 따르는 국가들처럼 관습법, 즉 판례법 체계가 아니라는 것이다. 몽골 법원의 판결을 통해 새로운 법이 만들어지는 것이 아니다. 몽골의 법학에는 선례라는 가치는 존재하지 않고 다만 법원에 의한 기존 법의 적용만 있을 뿐이다. 이와 같은 배경을 염두에 두고 우선 현재 몽골법의 법원(法源)에 대해 간단히 알아본 후 몽골법을 검토할 것이다.

---

* 몽골 변호사이자 독립 연구자. 이메일: odugerel@gmail.com. 이 글은 2016년 발간된 Legal Systems of Asia: A Short Guide 에 실린 Introduction to Mongolian Law를 최신 개정 및 변화 등을 반영하여 국내 독자들을 위해 국문으로 번역, 편집한 것임을 알림.

## 2. 입법체계

### 1) 개요

몽골의 최고 입법권은 국회에 귀속되어 있다.[1] 국회의 임무는 인도적이고 시민적인 민주사회를 건설하고 몽골 국민의 통치권을 보장하는 것이다. 몽골 국회는 단원제이며 선거에 의해 선출된 76명의 의원으로 구성된다.[2]

몽골법의 근간이 되는 법원(法源)은 (1) 헌법, (2) 법률, (3) 기타 법령, (4) 국제조약 및 국제법, (5) 긴급행정명령, (6) 명령, (7) 지방정부의 조례 및 규칙이다.[3]

### 2) 법체계

#### (1) 헌법

1992년 국가대회의(국회, The State Great Hural)가 몽골 헌법을 제정하면서 몽골은 인권, 민주적 가치, 시장경제, 법치주의의 채택을 성문화했다. 「1992년 헌법」은 1924년, 1940년, 1960년에 이은 몽골의 네 번째 헌법이다. 이전 세 차례의 헌법은 사회주의 구조 및 공산주의 정부와 사회 모델을 바탕으로 하여 제정되었다. 「1992년 헌법」은 6장 70조로 구성되어 있다. 여기에는 몽골 국가의 주권, 인권 및 자유, 몽골의 국가 시스템, 몽골의 행정 및 영토 단위와 이를 관장하는 기구들, 몽골의 헌법재판소와 몽골 헌법 개정에 관한 장 등이 포함되어있다. 이 헌법은 지금까지 1999년과 2000년, 그리고 2019년에 개정되었다. 최근의 개정에서는 단지 구 조항들만 개정한 것이 아니라 주권 및 인권과 자유, 국가대회의(국회), 행정부, 사법부, 지방분권에 대한 조항이 추가되었다. 2019년 헌법 개정에

---

1) 「몽골 헌법」 제20조(1992)
2) 몽골 국가대회의(국회), 국가대회의에 관하여, http://www.parliament.mn/en/stategreathural,(최종접속 2016. 7. 18)
3) 몽골사법체계와 법률 개요, 법원 http://www.nyulawglobal.org/globalex/Mongolia_Research.html#SourcesofLaw(최종접속 2016. 7. 22)

서는 총 15개 조항이 개정되었고 2020년 7월 1일자로 발효되었지만 아직도 일부 조항에 대한 논란이 이어지고 있다.

「1992년 헌법」에 의해 최고 국가권력과 최고 입법권은 오로지 국회에만 부여되고, 국가의 최고 행정기관은 정부, 사법권은 몽골의 독립법원에 독점적으로 부여된다. 따라서, 대통령은 국가원수이고 몽골 국민통합의 살아있는 상징이다.

헌법 제1조 2항은 "몽골 헌법은 몽골법의 핵심이며, 몽골 법체계의 근간"이라고 명시하고 있다.

몽골의 헌법 및 관련법에 따라 국회, 행정부(정부) 및 사법부(법원)는 다음 각 호의 권한을 행사한다.

① 국회

헌법에 따라 몽골 국회는 다음에 명시된 입법권 및 감독권을 갖는다.

- 국회의 입법기능은 주로 본회의나 상임위원회 개최 준비 및 개최, 법안이나 국회의 기타 결의안 논의 및 채택, 그리고 법률과 결의안의 통과 등이다.
- 국회의 감독 권한에는 ㉠ 청문회 실시 및 내각과 국회에 직접 보고 책임이 있는 기관의 보고서, 발표자료 및 요약자료 등의 요청, ㉡ 총리 및 내각 각료, 기타 기관의 임원들이 국회에 직접 보고하도록 하며, 이를 위해 정부의 답변 및 쟁점사안들에 대한 논의를 회기 중에 실시, ㉢ 총리 및 내각 각료, 기타 기관의 임원들이 국회에 직접 보고하도록 하며, 이러한 의무 과정에서 담당 관료들이 직접 출석하여 질의에 대한 답변을 하도록 요구, ㉣ 내각 및 국회에 직접 보고 책임이 있는 기관의 법률 및 국회 의결안의 이행을 평가하고, 국회 상임위원회 또는 필요한 경우 본회의에서 관련 논의 실시, ㉤ 총리, 내각 관료, 국회가 임명한 사람들 및 국회에 직접 보고 책임이 있는 기관의 임직원들이 저지른 직업 관련 또는 윤리적 범죄에 대한 평결이 있다.

② 행정부

행정부의 최고 조직은 내각으로, 국무총리의 사임이나 내각의 절반 동시 사임, 또는 국회의 해산 의결로 해산하지 않는 한 4년의 임기를 갖는다. 내각과 각 부처들은 국회에 직접 보고 책임이 있다. 내각의 주요 기능은 몽골의 경제, 사회, 문화 발전을 위해 헌법상의 의무에 따라 법을 시행하는 것이다. 내각은 현재 13개 부처로 구성되어 있으며, 각 부처는 책임 범위 내에서 각종 프로그램과 사업을 수행하고 관련 분야의 정책을 수립하는 업무를 담당하고 있다.

③ 사법부

몽골 대법원은 몽골의 최고 사법기관이자 상고심법원이다. 대법원은 대법원장과 16명의 대법관으로 구성되며, 형사·민사·행정 3개의 재판부가 사법권을 행사한다. 각 재판부의 주된 임무는 소관사건을 판결하고, 해당 법 분야 내에서 판사들에게 전문적인 지원을 제공하는 것이다. 3개의 재판부는 대법원에서 대법원장의 승인을 받아 구성원들이 구성된다. 몽골의 사법제도는 대법원(파기 또는 재심법원), 주 및 수도 법원(상고법원), *Soum*(주(州, *Aimag*) 하부의 행정단위) 또는 *Inter-soum* 법원, 그리고 지방법원(1심 법원)으로 구성되어 있다.

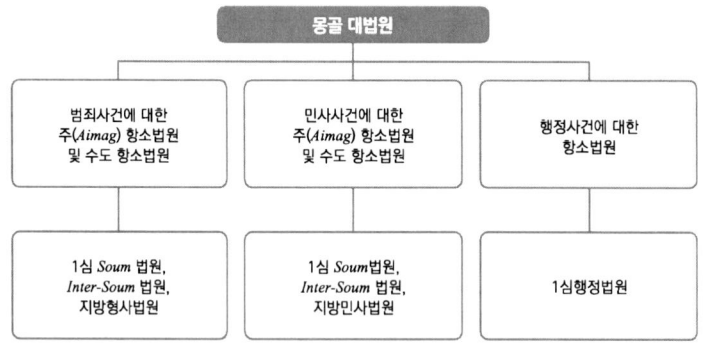

- *Soum* 법원과 *Inter-soum* 법원 및 지방법원은 1심 관할권만을 갖는다.
- 주도(州都)에 위치하는 주의 법원은 하급법원에서 올라온 항소를 다룬다.
- 대법원은 몽골의 최상고법원이며, 하급법원의 관할권에 속하지 않는 1심 사안을 다룬다. 또한 주 법원과 수도 법원의 판결에 대한 항소심도 연다.

④ 대통령

몽골 대통령은 몽골 헌법에 의해 공포된 다음의 모든 권리와 권한을 소유하고 행사한다.

- 국회가 채택한 법률 및 기타 결정의 일부 또는 전체를 거부할 권리가 있다. 국회 회기에 출석의원의 3분의 2가 대통령의 거부권을 기각할 경우, 그 법률이나 결정은 그대로 효력을 가진다.
- 국회 다수당, 또는 다수당이 없는 경우 국회의 당들과 협의하여 총리직 임명을 위한 지명안을 국회에 제출하고, 정부의 해산을 국회에 제출할 수 있다.
- 대통령 권한 내의 사안에 대해 정부에 지시한다. 대통령이 적법한 법령을 제정한 때에는 국무총리가 서명함으로써 해당 법령의 효력이 발생한다.
- 외교 관계에서 전권을 가지고 국가를 대표하며, 국회와 협의하여 몽골을 대표하여 국제 조약을 체결한다.
- 국회와 협의하여 몽골의 대사, 외교관 및 대표자를 외국에 임명하거나 소환한다.
- 몽골에 주재한 외국 공관장에 대한 신임장 또는 이임장을 접수한다.
- 국가직위 및 상급군대직위 수여 및 포상 훈장을 수여한다.
- 사면한다.
- 몽골 시민권의 부여 또는 철회 및 망명 허가에 관한 사항을 결정한다.
- 몽골 국가안보위원회의 수장이다.
- 완전징병 또는 부분징병을 선포한다.
- 몽골 헌법 제25조 2항 및 3항에서 명시하는 긴급 상황이 국회가 휴회 중일 때 발생하는 경우, 몽골 영토의 일부 또는 전역에 비상사태 또는 전쟁상태를 선포하고, 군사

작전을 개시하는 법령을 공포한다. 국회는 7일 이내에 비상사태 또는 전쟁상태를 선포하는 대통령령을 검토하여 이를 승인 또는 불승인한다. 국회가 정해진 기한 내에 어떠한 결정도 내리지 않으면 대통령령은 자동으로 무효가 된다.
• 몽골군통수권자이다.

대통령은 국회와 국민들을 대상으로 연설할 수 있다. 대통령은 재량으로 국회 회기 시 참석하여 몽골의 국내외 정책에 관한 주요 사안들에 대해 보고하거나 의견서를 제출할 수 있다.

② 실체법

일반적으로 몽골에서는 헌법 이외에 통과된 법률은 실체법으로 분류되고 공법과 사법(private law)으로 구분된다. 사법은 평등한 당사자 간의 관계를 규율하고, 공법은 민간의 시민이나 단체, 공공기관이나 정부 사이의 모든 분쟁을 규율한다. 몽골에서 민법은 사법의 핵심이며, 형법과 일반행정법은 공법을 관장한다. 몽골의 주요 법원은 법률이며, 2016년 7월 현재 596개의 법이 존재한다. 법률은 헌법적 권한에 따라 규정된 수단으로 국회에서만 제정할 수 있으며, 이로써 법안은 그 범위 내에서 행위를 규정하는 법률이 된다. 국회의원, 정부, 대통령은 몽골의 입법에 관한 법률에 따라 법안을 발의할 수 있다.

몽골에서 법률행위는 넓은 의미에서 국회 결의안, 대통령령, 내각 결의안, 그리고 부처의 법규와 명령 등을 포함하는 어떠한 형식도 취할 수 있다. 국회 결의안은 정부와 기타 기관에 관한 사항을 규정할 수 있다. 국회 결의안은 주로 광범위한 정부 활동의 이행에 필요한 특정 주제들을 다룬다.

③ 조약 및 국제법

몽골 법체계에서 국제법의 지위는 1992년 몽골 헌법에 의해 극적으로 변화되었다. 1990년 이후, 변혁의 일환이자 법치주의에 대한 결의에 따라 몽골은 상당수의 국제조약의 서명국, 당사국이 되었고 몽골 정부는 국제 기준과 규범을 준수하고 있다. 『1992년 몽골 헌법』은 "몽골이 당사국이 되는 국제조약은 법률의 발효나 해당 조약의 비준 또는 가입 시 국내법으로서 효력이 발생한다. 몽골은 헌법과 양립할 수 없는 국제조약이나 그 밖의 협약은 준수하지 아니한다"고 규정하고 있다.4)

몽골이 당사자인 국제조약은 국제법에 의해 규제되는 양자 또는 다자간 서면 협정이다. 이러한 국제조약들은 몽골, 몽골 국회, 몽골 정부뿐만 아니라 단일 또는 복수의 외국 정부 또는 국제기구들의 특정 사안에 대한 권리와 책임을 결정한다.

'국제조약'이란 그 형식과 명칭에 관계없이 모든 주(州) 간, 정부 간 또는 부처 간 문서를 말한다.

④ 긴급행정명령

대통령은 헌법과 몽골법에 따라 법령을 제정할 권한을 갖는다. 대통령령은 『대통령직에 관한 법률』에 의해 부여된 권리(일반적으로 대통령법(Presidency Law)으로도 알려져 있음)를 준수해야 한다. 이러한 권리는 본래 헌법에 공포되었고, 대통령법에서 다시 명시하였다.5)

⑤ 명령

- 개요: 몽골에서 명령은 국회 결의안, 대통령령, 내각 결의안, 정부부처 또는 기관의 법규, 절차 및 명령 등 여러 형태를 취할 수 있다.6)
- 대통령령: 몽골 헌법은 대통령에게 법령을 제정할 권한을 부여한다. 나아가 『대통령직에 관한 법률』에서 대통령의 법령권(decree powers)을 규정하고 있다. 두 법의 목적은 모든 법령이 국가의 법률에 저촉됨이 없이 국가의 법률에 따라 제정되도록 대통령의 권한을 제한하는 것이다.

---

4) 『몽골 헌법』 10조 1-3항(1992)
5) 몽골의 법체계 및 법률 개요(Overview of the Mongolian Legal System and Laws), *Sources of Law*, http://www.nyulawglobal.org/globalex/Mongolia_Research.html#SourcesofLaw(최종접속 2016. 7. 21)
6) 몽골의 법체계 및 법률 개요(Overview of the Mongolian Legal System and Laws), *Sources of Law*, http://www.nyulawglobal.org/globalex/Mongolia_Research.html#KeyElementsofModernMongolianLegalSystem

- **총리령 및 부령**: 몽골의 행정권은 정부에 부여되며, 정부는 헌법, 법률, 국회의 규범적 또는 규제적 법규에서 규정하는 범위 내에서 결의안과 법령을 제정한다. 내각의 부처 결의안은 여러가지 형식과 기능을 가지고 있다. 그 중 가장 간단한 형식은 정부 상위단계에서 결정을 채택하기 위해 사용하는 형식이다. 예를 들어 정부는 국회에서 이미 의결된 법을 공식적으로 채택하는 결의안을 제정할 수 있다. 결의안은 법령과 동일한 법적 지위에 오를 수도 있다. 만약 이러한 결의안과 법령들이 법률과 양립하지 않는다면 정부 또는 국회는 이를 무효화할 수 있는 헌법적 권한을 갖는다.

  모든 부처와 정부기관은 국회와 정부에서 공포한 특정 권한의 위임에 따라 법령을 발의할 권한을 가진다. 이렇게 몽골의 각 부처 및 기타 정부기관이 발의하는 것을 지침 또는 지침 규정이라고 부르기도 한다. 부처는 원칙적으로 명령이나 지침을 제정할 수 있다.

⑥ 지방정부 조례 및 규칙

- 「행정 및 국토 단위와 그 통치에 관한 법률」에 따라 지방 행정통치는 다음의 기관들이 행한다.
    - *Bag*(면)[7] 또는 *Khoroo*(동)[8]의 주민회의 및 주지사
    - *Soum*(군) 또는 District(구)의 민간대표회의 및 주지사
    - 주 또는 수도의 민간대표회의 및 주지사
- 위의 모든 주민회의 및 민간대표회의는 지방 차원의 행정통치 실시를 위한 자체 결의안을 발표할 권리가 있다.

---

7) *Bag*(면)는 주 내부의 공공행정구역의 하부 단위임.
8) *Khoroo*(동)는 구 및 수도의 공공행정구역의 하부 단위임.

## 3. 입법절차

### 1) 개요

몽골의 법은 법률, 대통령령 및 명령, 정부, 장관 및 정부기관의 결의안, 수도와 주 또는 Soum의 결의안, 또는 시민대표회의로 구성된다. 주 차원의 결의안을 제외하고 모든 법은 몽골의 사법관할권 전체에 시행 가능하다.

법률 및 국회의 결의안 등의 입법 절차와 우수 사례를 명확히 확립하기 위해 국회는 2015년 5월 29일 몽골의 「입법에 관한 법률」을 채택했고, 이 법률은 2017년 1월 1일부터 시행되었다. 이 법률은 법안의 발의, 작성, 내용 및 형식 요건; 국회 결의안의 작성 및 제출요건; 그리고 국회가 채택할 법안에 대한 공개 토론 및 의견 청취를 위한 절차 및 요건 등에 대해 규정하고 있다. 이 법은 또한 모든 법률에 대한 입법 데이터베이스, 출판, 대중의 이용, 그리고 시행 조직과 후속 시행 평가에 관한 행정과 절차를 규정한다.

### 2) 입법절차

#### (1) 국회입법

헌법은 몽골의 국회와 국회의원들에게 입법자로서의 역할을 부여하고 있다. 그러나 국회의원들 외에도 대통령과 정부 또한 입법을 제안하거나 발의할 수 있는 헌법적 권리를 가지고 있다.

입법자들은 법률 및 국회 결의안의 발의 과정 동안 「입법에 관한 법률」에서 규정한 절차를 따라야 한다. 발의 법안의 종류에는 1차 법안, 부분개정법안, 전면개정법안, 패키지법안 등으로 규정되어 있다. 국회의원은 법안을 정부에 제출하여 추가적인 검토 및 의견 수렴을 하여야 한다. 입법자는 상황상 필요한 경우, 계류 중인 법안을 직접 국민들에게 알리거나 관련된 정부 기관에 알려서 해당 법안에 대한 의견을 듣거나 지원을 받을 수 있다.

### (2) 정부입법

몽골 정부는 법을 발의하고 국회 회기 내 논의 및 제정을 위해 법안을 제출할 수 있는 헌법상의 권리를 가지고 있다. 정부는 또한 헌법, 법률 및 기타 규정에 대한 변경을 이행할 목적으로 대통령령과 총리령을 제정할 수 있는 헌법적 권한을 가지고 있다. 대통령령과 총리령은 몽골 전역에서 효력을 발휘하고 모든 법적주체와 공무원, 시민에 대해 시행된다.

몽골의 「일반행정법」에 따라 행정행위, 행정조직의 규제행위 및 행정협약을 통해 행정권한이 행사된다. 모든 법안 작성 절차는 몽골의 「일반행정법」에 명시되어 있다.

## 4. 몽골의 기본법

### 1) 개요

몽골 헌법은 1992년에 채택되었고, 인권의 보존과 발전, 개인의 자유, 그리고 자유롭고 자주적이며 독립적인 민주주의 유지라는 측면에서 국가의 목표와 우선순위를 명시하고 있다. 형사, 민사, 행정 문제 등 몽골의 기능적 법체계를 구성하는 다양한 법 분야를 전문화하기 위해 몽골 헌법에 기초한 일련의 구체적인 법들이 추가로 공포되었다. 이러한 기본법은 몽골 사회 내의 모든 법적 절차를 규율하며, 또한 필요하다고 여겨져서 추가로 공포된 법률 및 법규의 주요한 법원 역할을 하고 있다.

### 2) 헌법

몽골 헌법은 국가 활동의 최고 원칙은 민주주의, 정의, 자유, 평등, 국민 통합과 법의 존중을 보장하는 것이라고 선언한다. 1992년 이후 몽골 사회는 헌법에 따라 재정비되었고 이에 따라 자유가 보장되었다. 이러한 대대적인 변혁으로 인해 오늘날에도 헌법 조항의 시행이 일부 더디게 진행되는 부분들이 있다. 다른 나라와 마찬가지로 몽골의 헌법적 장치는 지역 정치, 문화적 영향, 그리고 가장 최근에 열린 국회의원 선거에서 승리한 집권당의 정책에 따라 다르게 기능하고 있다.

몽골 헌법의 영문 번역본은 www.ilo.org과 www.unesco.org에서 확인할 수 있다.

### 3) 민법

2002년에 제정된 몽골의 민법은 시민과 기업에게 계약의 자유를 인정하고, 계약 당사자가 해당 준거법 내에서 자유롭게 계약을 체결하고 계약 내용을 정의할 수 있도록 규정하고 있다. 몽골의 법은 금지되지 않은 모든 것은 허용한다는 영국의 법적-헌법적(legal constitutional) 개념을 떠올리게 하는 대단히 중요한 원칙에 근거하고 있다. 이 원칙은 민법 제13조 2항에 "민법적 관계의 참여자는 민법에서 금지하고 있지 않거나 직접적으로 명시하고 있지 않은 권리와 의무를 자유롭게 행사할 수 있다"라고 명시되고 있다.

민법에서 계약의 자유를 인정하면서 몽골 법에는 계약의 자유라는 요소가 도입되었다. 예를 들면 부동산이나 주주의 권리와 의무에 관한 합의는 별개로 하고, 계약 당사자들은 분쟁이 발생했을 때 계약 조건의 해석을 규정하고 있다면 어떤 주의 법도 자유롭게 채택할 수 있다. 당사자들이 동의할 경우 몽골어가 아닌 외국어 버전의 계약이 우선할 수도 있다.

계약 당사자들은 분쟁 관련 최종 결의안을 몽골이나 또는 해외에 있는 중재 재판소 -특히 런던과 싱가포르가 자주 선택된다-에 제출할 것을 동의할 수 있다. 외국 중재판정의 승인 및 집행에 관한 협약(Mutual Recognition and Enforcement of Foreign Commercial Arbitral Awards)인 뉴욕협약의 서명국으로서 몽골 법원은 외국 중재판정을 인정하고 집행할 의무가 있다. 또한 헤이그 민사소송협약(Hague Convention on Civil Procedure) 당사국으로서 협약의 다른 당사국들의 법원에서 취하는 요청과 결정은 인정하고 집행하게 된다.

### 4) 몽골의 형법 개혁

몽골은 오랜 역사와 국가적, 법적 문화 전통을 지닌 나라로서 성문법원인 *Ikh Zasag*을 가지고 있었다. *Ikh Zasag*은 '위대한 통치(Great Governance)', '위대한 규칙(*Ikh Yos*)', '위대한 통치법(*Ikh Zasag Khuuli*)' 등으로 법전에 불려오며 칭기스칸의 위대한 권력과 위엄을 표현했다.

몽골은 70년 이상을 사회주의 법체계하에 있었고, 1990년 혁명 이후 사회 구조가 근본적으로 변화했다. 그 무렵부터 민주주의, 인권, 개인의 자유, 자유시장 체제, 법치주의가 충분히 인정되고 받아들여지기 시작했고, 이는 그때부터 시작된 종합적인 법률 개혁을 지금까지 추진시키는 원동력이 되고 있다.

몽골의 사법개혁이라는 값비싼 과정을 지속시키고 또한 진전을 이뤄온 동력은 법학 훈련과 법학 연구의 성과들이었다.

특히 그 예를 형법 분야에서 찾을 수 있다. 「1992년 헌법」의 개념과 양립가능한 형법이 2002년에 채택된 후로 13년이 지났다. 그 동안 달라진 사회적 관계와 시간의 흐름에 따라 열 차례의 형법 개정이 있었음에도 형법 개정이 시급히 필요하다는 목소리들이 다시 들려오기 시작했고, 이에 따라 신 형법은 2015년 12월 3일에 제정되어 2016년 9월 1일에 시행에 들어갔다.

신 형법은 기존 형법의 단점을 보완하고, 형법을 국가가 당사국인 국제협약과 일치시키며, 국제 기준에 가깝게 하고, 국내 범죄 상황에 대응할 수 있도록 하며, 형법을 쉽게 이용할 수 있도록 개발되었다. 전반적으로 신규 형법은 몽골의 공정한 형사법 체계를 확립하는 방향으로 수립되었다고 할 수 있다.

신규 형법안을 작성한 실무진은 몽골법제연구원의 연구센터에서 작성한 20여개의 연구 보고서를 활용하였다. 해당 보고서에는 형법의 시행(2004), 범죄분류 및 처벌(2005), 징역의 효과(2007), 형법 및 행정책임에 관한 법률 비교(2007), 미국, 러시아, 독일, 중국, 프랑스, 일본의 형법, 외국 전문가들이 개발한 2007 표준 형법전, 1998 국제형사재판소에 관한 로마규정, 그리고 형법초안 작성을 위한 법학자 및 변호사의 권고와 조언 등이 있다.

신규 형법에는 다음의 중요한 원칙들이 새롭게 반영되었다.

1. 기존 형법이 범죄로부터 시민을 보호하는 것이 주된 목적이었다면, 신규 형법은 국회의 제37번째 의결을 통해 채택된 2012~2016년 몽골 정부 행동계획에서 명시하고 있는 방향과 원칙을 반영하고 있다. 이 국회 결의안은 예방적이며 당사자들에게 책임을 물을 수 있는 형법제도, 그리고 민주사회의 가치와 그 원칙과 부합하고 국가발전에 필수적인 형법제도의 확립을 제시하고 있다. 결의안은 또한 처벌 정책은 명확하며 효과적이고 다수의 선택지가 있어야 한다고 적고 있다. 이로써 몽골은 예방을 형법의 주요 목적으로 하는 사법체계를 위해 새로운 한 발을 내딛게 되었다.

2. 기존 형법에서는 범죄의 성격에 대한 판단의 근거가 물질이다. 다시 말하면 어떤 행동의 결과로 피해가 발생한다면 그것은 범죄로 간주된다. 즉, 어떤 행위가 범죄행위로 간주되기 위해서는 피해가 발생해야 한다는 뜻이다. 만약 그 피해가 법으로 정한 기준에 미달하면 범죄나 범죄행위로 간주되지 않고 그러한 행위에 대해서는 다른 규정이 적용된다. 그런 면에서 구 형법은 범죄의 구성요소에 대한 요건이 명확하지 않았다. 그러나 신규 형법은 범죄행위로 간주되는 행동과 행위를 명확히 하고 있다. 다시 말해, 절도행위는 피해의 정도에 상관없이 범죄라는 것이다.

3. 범죄와 기타 위법행위 간에 구분이 필요하다는 의견들이 있었고, 이에 따라 신규 형법에서는 범죄와 위법행위의 개념을 새롭게 수정하였다. 그에 따라 신규 형법에서는 위법행위는 범죄로 간주되지 않는다. 이러한 변화에 따라 피해의 정도가 아닌, 수법과 행위 형태 자체의 성격에 따라 범죄와 위법행위가 구분된다.

4. 법률불소급의 원칙(*Nullum crimen sine lege*)과 일사부재리 원칙(*ne bis in idem*)은 국제적으로 인정하는 법률 원칙으로, 합법성과 정의의 원칙을 성문법화하고 영구화하기 위해 형법에 포함되었다. 이에 따라 범죄자에 대한 형사책임은 1회에 한하여 물을 수 있으며, 본인의 형사적 책임만을 물어야 하며, 유추에 의한 형법 적용은 금지된다. 이는 1998년에 몽골이 당사국이 된 국제형사재판소(ICC)의 로마규칙에 부합한다. '상습범은 반복된 범죄에 대해 유죄 판결을 받고 처벌 받는 것' 이라는

원칙에 따라 책임을 가중시키고 한층 가혹한 법적 결과를 초래하는 개념과 상황이 해소될 것이며, 그 결과 인권 보장에 유리한 환경이 조성될 것이다.

5. 법인은 범죄의 주체가 될 수 있다고 간주되어 "벌금, 권리 박탈, 법인에 대한 청산"과 같은 처벌과 형사책임이 기업에 부과될 수 있게 되었다. 따라서 몽골은 초국가적 조직범죄협약(Convention on Transnational Organized Crime)과 다른 관련 국제조약 및 협약에 의한 의무를 당사국으로서 이행할 수 있게 되었다.

6. 기존 형법에서 범죄는 경미한 범죄, 덜 심각한 범죄, 심각한 범죄, 그리고 중대한 범죄로 분류되었다. 신규 형법은 이와 같은 과거의 분류를 구속의 기간에 따라 경범죄(misdemeanor)와 중범죄(felony)로 새롭게 구분하였다. 여기서 짚고 넘어갈 것은 법학자나 연구자들은 범죄를 아예 분류하지 않는 것이 훨씬 적절하다고 생각한다는 점이다.

7. 몽골에서 범죄행위로 인한 피해는 복잡한 문제라는 것은 법원의 관행이 증명하고 있다. 여기서 근본적인 문제는 법원이 피해 배상이 있었는지 여부에 관계없이 처벌을 내린다는 점이다. 그런 면에서 신규 형법은 피해에 대한 배상을 규정하고 있다. 범법자가 피해 당사자에게 배상할 경우 형사책임을 완화할 수 있는 기회를 얻게 되고, 구속을 면할 수 있으며, 형사적 책임을 면할 수도 있는 등 신규 형법은 다양한 가능성을 포함하고 있다. 이런 점에서 봤을 때, 범죄행위로 인한 피해배상에 관해 규제하기 위해서는 새로운 형법 도입 후 피해자금법이 도입되어야 한다.

8. 「2002년 형법」은 벌금, 특정직위의 유지 및 특정업무에 종사할 권리의 박탈, 재산 몰수, 강제노역, 징역, 사형 등 7가지 형벌을 규정하고 있다. 신규 형법에서는 벌금, 사회봉사, 가택연금, 선고, 그리고 권리 박탈의 5가지 종류로 개정했다. 신규 형법의 처벌조항은 보다 인간적이고 관대한 정책의 수립을 목표로 다수의 다양한 선택지와 비례적인 처벌 정책을 수립하였다. 이는 과거의 선고와 처벌이 인신의 제한에 초점을 두었던 것과 차이가 있다.

신규 형법의 처벌조항에는 다음이 포함된다.

- 사형이 폐지되고 대신 개방형교도소와 폐쇄형교도소에서의 징역 및 무기징역형이 도입되었다. 이는 몽골이 시민적·정치적 권리에 관한 국제규약에 대한 보조 부가의정서(Second Optional Protocol to the International Covenant on Civil and Political Rights, aiming at the abolition of the death penalty)를 비준했다는 사실을 직접적으로 보여준다.
- 가택연금은 유죄선고를 받은 자가 자택에 구금되어 사회에서 격리되지 않고 갱생의 기회를 얻는 것이다. 가택연금 처분을 받은 자는 범죄행위를 저지르지 않으며 어떠한 범죄와도 연계되지 않아야 할 책임이 있다. 이는 신뢰를 쌓으면서 사회와 가족, 공동체에 머무를 수 있는 기회를 부여한다.
- 판사는 죄를 자백하고 자신이 초래한 피해에 대해 배상한 사람에게 원 처벌의 50%를 초과하지 않는 벌금을 부과할 수 있는 권한을 갖는다. 이는 형법 내의 촉진(promotional) 조항의 연장으로 형사소송절차에 대한 부담 경감에 큰 도움이 될 것이다.
- 14~18세 청소년을 대상으로 한 '사회봉사명령, 가택연금, 교육·갱생 프로그램을 갖춘 청소년 전문 교도소 수감' 등 특화된 처벌 유형과 제도가 신설되었다. 이와 함께 신규 형법에는 다양하게 변화된 형법의 원칙들이 담겼다.

### 5) 일반행정법

몽골 정부는 10년간 행정소송법을 적용하고 행정법원을 운영한 경험을 바탕으로 일반행정법안을 발의하였고, 2015년 6월 19일 국회에서 제정되었다. 이 법은 행정부가 공법에 따라 행정행위, 행정규범행위, 행정계약·약정 등의 권한을 행사하는 과정에서 행정기관과 시민 또는 법인간의 관계에 관한 기본적·법적 근거의 수립을 목적으로 한다. 이 법은 행정법제를 "헌법, 일반행정법 및 기타 행정활동에 관한 법률에 관련된 한 부분"으로 규정한다.

다음은 일반행정법에서 규정하지 않는 관계들이다.

- 입법의 활동 및 입법 절차
- 국제조약의 채택 및 서명의 절차
- 헌법재판소 및 형사·민사·행정사건의 재판·소송을 위한 전체 법원의 절차
- 사건 수사절차, 검사의 통제 및 교정업무 수행
- 국가 외교정책의 직접 이행을 위한 정보, 국가안보 및 모든 관련 활동
- 정치적 논의와 의사결정을 위한 절차

몽골의 행정 조직은 다음과 같이 구성된다.

- 국가의 행정권을 이행하는 중앙 및 지방조직
- 법 시행 의무가 있고, 공공을 대상으로 명령을 발표할 권리가 있는 비정부기관 또는 기타 공공법적주체
- 행정계약서 또는 법에 근거하여 행정업무를 이관 받은 법인
- 공립학교, 공동학교(joint school), 병원, 언론, 통신, 교통, 에너지 공공기관의 임원
- 지역 자율경영 조직이나 공법의 결정에 따라 조직의 결정과 활동이 분류되어 행정법원에 소송이 청구 될 수 있는 조직

## 6) 행정절차법

2002년 제1차 『행정절차법』이 제정되어 2016년 6월 30일까지 시행되었다. 이 법과 행정법원의 법적 근거로 헌법 제19조 1항은 "국가는 인권과 자유를 보장하고, 인권과 자유 침해에 대항하여 투쟁하며, 침해된 권리의 회복을 위하여 …를 수립할 책임을 시민에게 갖는다"고 명시하고 있으며, 제48조 1항에서도 "행정법원과 같은 특수법원을 세울 수 있다"고 명시하고 있다. 이 헌법 규정에 따라 제1차 『행정절차법』이 제정되었고, 첫 행정법원이 수도인 울란바타르와 21개 주에 설치되었다. 『행정절차법』의 주요 개념과

원칙은 대륙법적 전통을 대표하는 독일법에서 가져왔다. 몽골 행정법원이 설치되어 10여 년이 지난 후에 법학자와 법조계에서는 행정절차법과 행정법원의 발전을 평가하였다.

제1차 「행정절차법」의 목적은 시민 또는 법인이 행정행위가 불법이라고 판단하고 침해된 권리를 보호하기 위해 행정법원에 소송을 청구할 경우, 그 행정사건에 대한 사전결정에 관련된 관계들을 규정하는 것이었다.

이를 근거로 법원은 공공행정기구의 불법행정행위 및 위법행위로부터 시민과 법인의 권리와 자유를 보장하고 보호한다. 따라서 몽골 행정법원은 공공 행정기관의 위법행위로부터 시민과 법인의 합법적 권리를 보호하는 독립된 사법기관이다.[9]

급속하게 발전하는 사회의 요구와 함께 1차 「행정절차법」이 갖고 있는 한계로 인해, 2016년 2월 국회에서 행정절차법이 개정되어 2016년 7월 1일부터 시행되었다. 개정법의 주요 목적은 행정조직의 불법적 결정으로 인해 개인 또는 법인의 권리가 침해되거나 잠재적인 권익의 위험으로부터 보호하기 위해 행정사건의 진행과 관련한 사항을 규제하며, 또한 공공의 권리를 보호하기 위해 권한을 가진 법적주체 또는 행정기관에서 청구한 행정사건의 진행과 관련한 사항을 규제하는 것이다.

몽골에서는 각 주마다 1심 행정법원이 설치되어 있으며 울란바토르에는 1개의 전국항소법원이 있다. 고등항소법원(intermediate appellate court)은 대법원의 하나의 부(chamber)로서 행정소송과 분쟁에 대한 결정을 내릴 권한을 가지고 있다.

독립 행정법원의 설립은 몽골의 사법 구조에 제도적으로 새로운 측면을 가져왔고, 몽골 사법권의 트레이드마크가 될 수 있는 좋은 기회가 되었다. 행정법원의 기능은 행정기관이 분쟁을 일으킬만한 행위를 하지 않고 적법한 행정행위를 하도록 법적으로 보장하는 것이다. 이것이 몽골 행정법원의 본질이자 사명, 그리고 주요 목적이다

---

[9] 인권 수호자로서의 몽골행정법원(The Administrative Court of Mongolia as a Protector of Human rights), Erdenetsogt.A, Law review, National Legal Institute, page 47, Series 55.

## 기업법 환경

### 개업

정부는 2015년 5월, 법인을 등록하는 것이 기업하기 좋은 환경의 보장을 위해 중요한 단계라고 보고, 「법인의 등록에 관한 법률」을 개정하여 일부 관료적 절차를 없애고 온라인 등록을 허용하면서 등록 절차를 간소화하였다.

### 기업의 법적 환경

2011년 개정된 「회사에 관한 법률」(회사법)의 제정은 몽골의 기업지배구조 기준을 선진국의 기준에 가깝게 만들려는 정부의 목표를 향한 중요한 조치였다. 이 법은 몽골에 진출한 기업들의 조직 개편부터 주주들의 의무에 이르기까지 다양한 측면을 광범위하게 규정하고 있다.

만약 외국인 투자자가 몽골에 유한책임회사를 설립하고자 한다면 그 회사는 '외국인 투자가 있는 사업체'(BEFI)로 법무법인 등록국(이하 LERO)에 등록되어야 한다. 「투자에 관한 법률」(투자법)에 따르면 BEFI의 외국인 투자자는 각각 10만 달러 또는 이에 상당하는 몽골 투그릭화(MNT)로 투자해야 한다. 이 자본요건은 해당 사업체가 LERO에 등록되기 전에 성립되어야 한다. 세계은행(World Bank Group)의 2015년 기업환경평가지수(Ease of Doing Business 2015 Index)에서 몽골이 세계 189개국 중 42위라는 점에서 이 분야의 진척을 가늠할 수 있다.

### 대몽골 투자

#### 법적 기반

1992년의 민주적 헌법 직후 외국인 투자에 관한 최초의 법이 1993년에 제정되었으며, 이 법은 2013년 「몽골 투자법」으로 대체되었다.

첫 「외국인 투자법」은 규제승인 요건을 완화하고 외국인 직접투자 등록 절차를 간소화했다. 나아가 몽골에 대한 투자활동을 촉진하기 위해 일정한 법적 보장책과 장려책을 제시하고 있다.

### 지적재산권

몽골에서 지적재산을 규제하는 주요 법률로는 「상표 및 지리적 표시에 관한 법률」, 「특허에 관한 법률」, 「저작권 및 관련 권리에 관한 법률」, 「기술 이전에 관한 법률」 등이 있다. 또한, 몽골은 세계지적재산권기구(WIPO) 회원국이자 세계무역기구 무역관련 지적재산권 협정(World Trade Organization Agreement on Trade Related Aspects of Intellectual Property Rights) 서명국이다. 몽골의 주요 지적재산권 집행기관인 지적재산권 사무소(IPOM)가 지난 25년간 몽골의 지적재산권 보호에 상당한 진전을 이루었지만, 역량 및 재원의 제약으로 인해 사전 예방적 조치를 취하기 보다는 불만사항 접수를 중심으로 활동하고 있다.

### 반부패법제

몽골에서 부패행위는 주로 2006년 7월 6일 제정된 「반부패에 관한 몽골법」(반부패법), 2002년 1월 3일 제정된 「형법」, 2012년 1월 19일 제정된 「공공부문 내 공익 및 사익 규제와 이해충돌 방지에 관한 몽골법」(이해충돌법)에 의해 규제되고 있다. 몽골은 2014년 국제투명성기구의 부패인식지수에서 공공부문의 부패 수준에 대한 인식이 세계 175개국 중 80위를 기록했다.

## 광산

### 천연자원법규

몽골은 지난 몇 년간 국가 광물 정책의 채택, 「공통 광물법」 제정, 「광물에 관한 법률」 개정(광물법) 등 광물 체제에 몇 가지 중요한 변화를 준 바 있는데, 이는 모두 광물 분야를 지원하고 지속적인 경제성장을 보장하기 위한 노력의 일환이다.

### 환경법규

광업 분야는 몽골 경제에 중요한 역할을 하며 2015년 GDP의 20%를 차지했다. 앞으로 몇 년 안에 몽골의 발전을 위한 경제 성장의 주요 동력이 될 것으로 생각된다. 그러나 광업활동의 수준이 높아짐에 따라 무엇보다도 환경보호와 복구 문제가 대두되고 있다. 종합적인 환경 규제 체제가 존재하고 광물법을 통해 면허소지자의 환경에 대한 의무를 규정하고 있지만, 몽골 정부는 이를 실무적으로 적절하다고 보지 않았다. 지난 몇 년간 용수 추출 수수료의 인상, 채굴 면허소유자에 대한 엄격한 환경 의무 부과 및 환경복원채권의 예치 조치 등 여러 가지 정책을 취함으로써 이 문제를 단편적으로 해결하려는 시도가 있었다. 또한, 2009년 7월 몽골 국회는 환경 우려를 해소하기 위해 「하천 수변지역, 저수지 보호지역 및 산림지역의 광물탐사와 채굴활동 금지에 관한 법률」을 채택하였다.

「환경법」은 중복을 줄이고, 규제의 질을 향상시키고, 책임감 있고 환경친화적이며 지속가능한 발전을 보장하고, 경제효율을 향상시키며, 환경감사에 국제표준을 도입하고, "오염자 부담" 원칙을 도입하고, 환경적 결정 과정에 국민 참여를 높이며, 환경 보호를 위한 자금 확보를 목적으로 한다.

### 은행/금융

2010년 1월 28일에 제정되어 개정된 「은행법」은 현재 몽골에서 은행업 및 은행 관련 서비스의 제공에 대한 기본 규정을 제공하고 있다. 국회는 「증권시장에 관한 법률」(증권시장법)의 개정안을 2013년 5월 24일에 승인했고, 이 법은 2014년 1월 1일부터 시행에 들어갔다. 이 법은 기본 규정으로서 관련된 규제기관이 제정하는 추가 시행 규정의 적용을 받는다.

몽골의 은행업은 상당히 발전되어 있지만, 몽골의 증권 시장은 아직 발전 초기 단계에 있고 선진국에 비해 규제 체계가 정교하지 못하다. 증권시장의 법적·제도적 틀을 현대화하기 위한 개혁이 진행 중이다.

### 석유부문

몽골은 거의 전적으로 정유제품의 수입에 의존하고 있다. 이러한 의존으로 인한 국가 안보의 위험성을 감안하여 몽골은 법적 규제의 틀을 개정하여 외국 투자자를 유치하고 정유사에 대한 세제 혜택을 도입하는 등 국내 석유 분야 발전에 힘써왔다.

2014년 7월 1일 제정된 『석유에 관한 법률』(석유법)은 석유제품을 ① 석유와 ② 비전통석유의 두 종류로 구분하고 있다. 석유는 정제된 석유 외에 원유와 천연가스를 말하는 반면, 비전통석유는 오일샌드와 오일셰일을 가리킨다.

『석유법』은 석유 관련 활동을 ① 연구, ② 탐사, ③ 추출의 세 가지 유형으로 구분한다. 석유 및 비전통석유의 탐사·추출 활동은 『석유법』에 따른 면허 절차가 적용되는 반면, 연구 및 석유의 보관과 운반 등 기타 활동은 관계당국의 인가 또는 승인 대상이 된다. 인가는 일반적으로 간단한 승인 절차가 수반되는 반면, 면허는 신청자가 생산물 분배 계약의 체결 등 관련 법규에서 요구하는 엄격한 요건을 충족해야 하는 등 한층 복잡한 절차가 수반된다.

## 5. 몽골법 검색 방법

### 1) 개요

영어로 된 무료 몽골 법률 자료는 여전히 찾기가 어렵고, 몽골법의 영문 번역을 찾아볼 수 있는 통합 자료 사이트도 존재하지 않는다. 그러나 몽골법제연구원(National Legal Institute)은 웹사이트에서 몽골어로 모든 법률을 무료로 배포하고 있으며 매일 업데이트하고 있다. 몽골법제연구원과 몽골정부는 개정된 법률자료를 정기적으로 발간한다.

- 몽골어 출처: www.legalinfo.mn

- 영어 출처: 구글에서 몽골 법률을 영어로 검색할 수 있지만 가장 최근의 개정 내용은 누락될 수 있다. 최신 법률 자료나 의견이 필요한 경우 odugerel@gmail.com로 문의하기 바란다.

# 방글라데시 법률제도 개관

Taslima Monsoor

# 방글라데시 법률제도 개관

Taslima Monsoor*

## 1. 들어가며

영국령 인도와 파키스탄에 뿌리를 두고 있는 방글라데시의 법률제도는 일반법과 속인법으로 구성된 이원체계를 갖고 있다. 일반법은 공식적으로 남녀평등원칙에 토대를 두고 있다. 그러나 속인법 및 가족법은 남녀의 절대적 평등 보다는 공생공존을 인정하는 성별 간의 상호작용원칙을 바탕으로 한 종교와 문화에 기초하고 있다.[1] 형법, 민사소송법, 형사소송법, 계약법 및 회사법과 같은 다수의 방글라데시 기본법은 영국 관습법의 영향을 받았다. 구체적으로 결혼, 이혼, 미망인 상속분, 양육비, 후견, 양육권, 상속 및 부부동거권 회복 등과 같이 속인법 또는 가족법이 직접 적용되는 개인적인 문제는 경전에 근거하고 있어 종교 공동체 간에 상이하다.[2]

방글라데시 법률제도는 성문헌법에 근거하며 보통 법률은 입법부가 제정하고 상급법원이 해석하는 법적 형태를 띤다.[3] 대개 행정부 및 사법기관은 법률을 만들 수 없으나 입법부가 인가한 범위에서 조례를 제정할 수 있다. 이와 같은 하위법령은 규칙 또는 규정

---

* 방글라데시 American International University-Bangladesh 법학교수. 이 글은 2016년 발간된 Legal Systems of Asia: A Short Guide 에 실린 Introduction to Bangladeshi Law를 최신 개정 및 변화 등을 반영하여 국내 독자들을 위해 국문으로 번역, 편집한 것임을 알림.
1) Taslima Monsoor 박사 (2008): 성평등과 경제적 자율권: 방글라데시 가족법과 여성. Dhaka: British Council, EWLR.
2) https://resource.ogrlegal.com/legal-system-bangladesh/
3) 방글라데시 법률제도/A.B.M. Mafizul Islam Patwari; Dorothy W. Nelson 서언. Patwari, A. B. M. Mafizul Islam.

으로 법원이 시행할 수 있다.[4] 관습법계에 속함에도 법령은 짧으며 기본적인 권리와 책임을 명시하고 있고, 상세한 적용 및 해석은 법원이 담당한다. 아울러 세월에 걸쳐 확립된 일부 관례와 풍습도 어느 정도 허용되며 법원이 시행한다. 1971년 이후로 방글라데시 법률제도는 회사, 은행, 파산, 자금대출 및 기타 상업법 분야에서 개선되어 왔다.

## 2. 입법체계

### 1) 개요

입법부는 300석으로 구성된 단원제 기구로 의원들은 최소 5년마다 보통선거를 통해 선출된다. 의회는 2018년 7월 개헌을 통해 여성의석 50석을 추가하고, 각 정당이 의회에서 차지하는 의석수에 비례해 배분하는 조항을 추가했다. 여러 여성단체는 여성의석에 대한 직접선거를 요구하기도 했다.

선거인으로 등록한 18세 이상의 모든 방글라데시 시민은 유권자가 된다. 각 선거구마다 직접선거로 의회의원 1인을 선출한다. 25세가 된 모든 방글라데시 시민은 의회에 입후보할 자격이 있다.[5] 심신상실자, 파산선고를 받고 복권되지 않은 자, 부도덕한 범죄로 유죄판결을 받아 2년 이상의 징역을 선고받고 석방 후 5년이 지나는 않은 자, 외국에 충성맹세를 한 자 및 공직에 있으면서 사익을 추구한 자는 입후보 자격이 없다.[6]

새 의회를 구성하는 총선은 모든 선거구에서 같은 날 치러진다. 유권자들이 자유, 평화, 비밀원칙에 따라 투표권을 행사하도록 선거구의 크기 및 유권자 총 수에 따라 다수의 투표소가 설치된다. 선거위원회는 며칠 후 방글라데시 관보에 당선자의 이름을 공고하여 총선 결과를 공식 발표한다. 당선된 의원들은 이임하는 의장 앞에서 취임선서를 한다.

---

4) 방글라데시 법률제도: 법률기관의 문제점 및 절차에 대한 비교연구/Md. Abdul Halim
5) 「방글라데시 헌법」 제66(1)조
6) 「방글라데시 헌법」 제66(2)조

## 2) 법률언어

『방글라데시 헌법』 제3조에 따라 벵골어가 방글라데시의 공식 언어이지만 『1987 벵골어도입법』(*Bangla Bhasha Prochalan Ain 1987*, 1987년 법률 제2호)이 시행되기 전까지 입안에 사용된 언어는 영어였다. 이 법 제3(1)조는 다음과 같이 규정한다. "외국과의 연락을 제외하고 정부, 준 정부, 자치기구 및 법원을 포함한 모든 곳에 벵골어를 사용하여야 하고 공식문서, 통신문, 법원 반대심문 및 법에 따른 모든 활동은 벵골어로 작성되어야 한다." 이 법이 제정된 이후 모든 법안은 벵골어로 작성되었다. 벵골어로 입안된 법률의 영문본이 있으며, 사실상 경우에 따라 벵골어/영어 이중언어시스템이 법률 입안방법으로 인정된다. 『헌법』 제153조에 따르면 벵골어와 영문본이 불일치하는 경우에는 벵골어가 우선한다.

## 3) 법안 입안자가 준수할 지시의 근거

『헌법』 제55조 6항에 따라 대통령은 정부업무를 배분하고 처리하는 규정을 제정할 권한이 있으며 이 권한을 행사해 「1996 정부업무규칙」 및 「각 부처 및 실(室)간 업무 분장」(정부업무규칙 (1996년) 부록 1) 등과 같은 여러 지침을 수립했다. 업무분장을 토대로 관련성에 따라 특정분야 업무는 적절한 부처 및 실에 배정된다.

「정부업무규칙」 14A에 따라 법무의회부(Ministry of Law, Justice and Parliamentary Affairs, MoLJPA) 입법의회실(Legislative and Parliamentary Affairs Division, LPAD)과 협의를 거쳐야 하는 사안은 다음과 같다:

- 모든 입법 제안
- 모든 사건과 관련된 모든 법률문제
- 국제법을 공표 및 수정하는 중요한 계약, 국제협약 및 조약의 작성
- 법률 해석
- 규칙 및 규정의 수립 발표 또는 인가 시
- 법적권한을 행사하기 위한 조례

업무분장에 따르면 법무의회부에 배정된 직무 중 입법의회실이 수행하는 직무는 아래와 같다:

- 모든 부처, 실 및 과에 사건에 대한 모든 법률 및 헌법 관련 의문사항과 헌법 및 국제법과 같은 법률 해석에 대한 자문
- 법안, 시행령, 법률대위명령과 기타 법규명령, 규칙, 규정, 조례, 결의 및 통지 작성, 검토 및 심사
- 국제계약 및 협정을 포함해 모든 계약 및 협정과 기타 모든 법률문서 작성, 검토 및 심사
- 국제협정 및 국제법무
- 법률문제와 관련된 다른 국가 및 국제기구와의 거래 및 협약
- 법률, 기타 시행령과 명령의 번역
- 법률, 시행령, 법률대위명령과 기타 법규명령, 규칙 및 규정의 게재
- 법률, 시행령, 법률대위명령, 대통령 명령, 기타 법규명령, 규칙 및 규정의 벵갈어 공인 번역문의 게재
- 시행 중인 법률, 시행령, 법률대위명령과 기타 법규명령, 규칙 및 규정의 편찬 및 게재
- 법률의 성문화, 통합, 문구 수정 및 기술적 개정

「1976 사무국 훈령」(Secretariat Instructions, 본래 「1975 정부업무규칙」의 Rule 4(10)에 따라 최초로 작성됨)이라는 법률문서는 사무국 관행과 절차를 준수할 때 통일성과 효율성을 보장하고자 한다. 각 부처 또는 실의 서기관은 이 훈령을 준수할 책임이 있다. 훈령의 작성 및 관리는 내각실의 책임이다. 훈령은 「정부업무규칙」 및 「업무 분장」의 부속서로서, 모든 정부업무는 업무규칙 및 훈령에 따라 수행된다.

법률입안자는 법무의회부 입법의회실 소속 법률고문으로서 정부부처 및 정부기관과 내각에 법률자문을 하고 각 부처/실의 필요에 따라 법안을 작성하며 의회 상임위원회를 지원한다.

## 3. 법률의 분류

### 1) 헌법

방글라데시 인민공화국의 헌법은 국가의 최고법이다. 『헌법』 제7조 2항은 "국민 의지의 엄숙한 표현인 헌법은 국가의 최고법으로, 헌법과 불일치 하는 모든 법률은 그 불일치 하는 범위까지 무효화 한다"라고 규정한다.

1972년 12월 16일 시행된 『방글라데시 인민공화국 헌법』은 모든 공권력의 권한, 모든 법률의 유효성과 모든 국민의 권리가 기인하는 국가의 최고법이자 기본법이다. 『방글라데시 헌법』은 헌법이 설치한 기관을 통한 권력행사를 규제하기 위하여 입법부가 제정 및 채택한 법률로 보완된다.

### 2) 법률

헌법 이외에 방글라데시에서 주요 법원(法源)은 법령이다. 법령에는 의회가 직접 또는 의회의 권한 내에서 제정한 법률이 있고 성문법, 법령의 권한에 따라 정부가 제정한 명령, 규칙 및 규정인 법규명령과 지방정부나 입법부가 위임한 권한을 행사하는 기타 관청이 제정한 조례를 포함할 수 있다.

방글라데시에서 의회는 최고의 입법기관이기 때문에 헌법의 제약을 받는 의회의 법률은 모든 법원에 구속력이 있으며, 다른 모든 법원(法原)에 우선한다. 헌법에 따라 입법기관이 법률을 만들 권한이 있는지를 결정할 책임은 그 입법기관 자체에 있다. 헌법상의 문제가 관련되는 경우를 제외하고 법령을 만든 입법기관이 입법권한이 없다는 이유로 그 법의 타당성이 의심스럽다고 말할 수 없다. 그러나 법원은 기본권에 모순되거나, 기본권을 무시하고 만들어진 법을 무효로 선언할 권한이 있다.[7]

---

7) 『방글라데시 헌법』 제26조

의회는 법을 제정할 고유한 권한이 있다. 『헌법』 제65조 (1)항은 "(국가의회라 불리는) 방글라데시 의회를 둔다. 헌법조항에 따라 방글라데시 공화국의 입법권을 의회에 부여한다. 다만, 이 조항의 어떠한 규정도 의회가 의회법으로 명령, 규칙, 규정, 조례나 입법효과가 있는 기타 법률문서를 만들 권한을 다른 사람이나 기관에 위임하는 것을 금지하는 것은 아니다"라고 명확히 규정한다.

### 3) 시행령

헌법은 다음과 같은 경우에 법률을 제정할 권한을 방글라데시 대통령에게 부여하였다.
- 헌법 제55조 (6)항은 대통령에게 정부업무의 배분 및 처리에 관한 규정을 제정할 권한을 부여한다.
- 헌법 제92조 (3)항은 대통령에게 지출의 충당을 위한 국고 인출의 인가에 관한 대통령령을 제정할 권한을 부여한다.
- 헌법 제93조는 국회가 해산되거나 회기 중이 아닌 경우에 대통령에게 시행령을 제정할 권한을 부여한다.

### 4) 시행령 공포

행정부는 비상사태에 대처하기 위해 헌법 제93조에 따라 시행령을 공포하여 단기간 동안 법률을 만들 권한을 갖는다. 헌법 제93조에 규정된 대통령의 시행령 제정권한은 대통령의 입법권한이라고도 불린다. 대통령이 만든 시행령은 주요 제정법의 지위와 효력을 갖는다. 헌법에 따르면 의회뿐만 아니라 대통령도 법률을 제정할 전권이 있다. 시행령은 본래 한시적이며 긴급시행령도 마찬가지다. 시행령은 수명이 짧아서 의회에 제출 후 30일이 지나면 효력이 상실된다. 의회가 해산되거나 회기 중이 아니고 대통령이 즉각적인 조치가 필요한 사정이 있다고 인정하는 경우에 대통령은 비상사태에 대처하기 위한 시행령을 제정 및 공포할 수 있다. 시행령을 공포하려면 두 가지 조건이 충족되어야 하는

데, 첫 번째는 의회가 해산되거나 회기 중이 아니어야 하고, 두번째는 대통령이 입법을 필요로 하는 비상사태라고 판단해야 한다.

시행령이 제정되어 공포된 이후에는 의회법률로서 법적 효력을 갖는다. 시행령은 의회 법률로 제정할 수 없는 조항을 만들 수 없다. 다시 말해, 시행령은 의회가 제정할 권한이 없는 조항은 만들 수 없다. 시행령은 헌법조항을 수정하거나 폐지하는 조항이나 이전에 만들어진 시행령의 조항을 계속 시행하는 조항을 만들 수 없다.[8]

국고지출을 인가하는 시행령은 의회가 해산된 경우에만 제정할 수 있다. 이와 같은 시행령은 가능한 빨리 의회에 제출되어야 하고, 의회가 재구성된 후 30일 내에 헌법 제87조, 89조 및 90조를 준수하여야 한다. 국고지출을 인가하는 시행령 외에 모든 시행령은 공포 후 처음 개최되는 의회 회의에 제출되어야 한다.

조기에 폐지된 경우를 제외하고 시행령은 의회 제출 후 30일이 지나거나, 30일이 지나기 전에 의회가 그 시행령을 불허하는 결의안을 통과 시키는 경우에는 그 결의안의 통과시 효력을 상실한다. 헌법 제93조는 시행령이 효력을 유지하려면 승인을 위해 의회에 제출되어야 한다고 규정한다.

## 5) 시행령 공포 절차

앞서 설명한 절차는 『방글라데시 공화국 헌법』 제93조에 따라 대통령이 공포할 수 있는 시행령의 입안에도 일반적으로 적용된다(의회 소관사항에 관련된 것은 제외). 시행령이 입안되면 인쇄본이 준비된다. 법무의회부는 시행령 인쇄본을 행정부 책임자인 장관을 통해 대통령에게 이송해 서명을 받는다. 대통령 서기관은 서명된 시행령을 법무의회부에 송부하고 이후 방글라데시 관보에 게재하여 공포한다. 공포된 모든 시행령은 신속히 의회에 제출되어야 하고, 의회가 재구성되고 30일 내에 그 시행령과 관련해 제87조 및 제90조를 준수하여야 한다.

---

[8] 『방글라데시 헌법』 제 93조 (1)항 단서

## 6) 하위법령

다소 넓은 의미에서 하위법령은 입법부가 정책을 정하고 규칙·규정을 수립하여 법률에 규정된 입법 정책을 이행할 권한을 외부기관에 부여하는 것이다. 이는 입법부가 통과시킨 법률의 "규칙제정권한 조항"이라는 절에 항상 포함되며, 일반적으로 해당 법률의 집행 위임을 받은 외부기관이 그 법률의 목적을 달성하기 위하여 그 법 조항과 상반되지 않는 규칙 및 규정을 수립하여야 한다고 명시되어 있다. 이와 같은 상황에서 법률의 유일한 요구사항은 규칙 및 규정을 수립할 의무가 있는 기관이나 단체는 위임받은 입법권을 행사하기 위해 엄격히 그 권한 안에서만 운용하여야 한다는 것이다.

『방글라데시 헌법』 제65조 (1)항은 의회가 다른 사람이나 관청에게 명령, 규칙, 규정, 조례나 입법효과가 있는 기타 법률문서를 만들 권한을 의회법률로 위임할 권한을 부여한다. 이 하위법령 제도는 각 부처 장관 및 다른 관청이 특정한 의회법률의 권한에 따라 세부적 행정사무를 규제할 권한을 준다. 이런 방식으로 주어진 권한은 보통 의회에 직접적인 보고책임이 있는 관청에 위임된다. 다시 말해 각 부처 장관, 각 부처 장관의 소관인 정부 부서, 또는 각 부처 장관의 확인이나 승인대상인 규정을 가지고 있어서 그 장관이 의회에 보고책임이 있는 단체들이 포함된다.

## 7) 국제법 및 조약

방글라데시는 이원론적 국가이다. 방글라데시가 당사자인 국제조약은 그 국제조약이 의회법률/법령으로 방글라데시 법전(corpus juris)에 통합되지 않는 한 방글라데시에서 법적 효력이 없다. 상급법원의 일부 판사들은 필요한 경우에 국내법 해석에 국제법을 사용할 수 있다는 의견이다.

## 8) 민사소송법

1859년 이전에는 통일된 민사소송법이 없었고 국가의 여러 지방마다 상이한 민사소송제도가 있었다. 최초의 통일된 민사소송법은 1859년에 제정되었으나 대도시 내 대법원과 민사법원에는 적용할 수 없었다. 수 차례의 개정을 거쳐 민사소송법은 영국령 인도 전체에 적용되었으나 많은 흠결로 인해 1887년에 새로운 민사소송법이 제정되었다. 1892년에 또 다른 민사소송법이 제정되었으나 이 법 또한 수시로 개정되었다. 1908년에 현 민사소송법이 제정되었고 두 차례 주요 개정(1951년 및 1956년)을 거쳤다.

## 9) 형법

방글라데시의 형사사법제도는 법집행기관(경찰), 판결기관(법원) 및 교정기관(구치소, 교도소, 보호관찰 및 가석방)의 세 기관으로 구성된다.

형사사법제도에서는 서로 별개이나 동등하게 중요한 지위를 갖는 두 그룹이 국민을 대표한다. 바로 범죄를 수사하는 경찰과 범죄자를 기소하는 검찰이다. 이러한 형사사법기관들은 법치주의하에서 운용되고 있다.

형사사법은 사회질서를 옹호하고, 범죄를 저지하고 경감하며, 형사처벌 및 갱생노력을 통해 범법자를 처벌하고자 하는 제도이자 기관이다. 형사사법제도의 전 과정은 「1860 형법전」 및 「1878 형사소송법」에 근거하여 운영된다. 최근에 정부는 형사사법제도의 효율성을 높이고 개선하기 위한 특별법 및 절차를 제정하였다.

## 10) 법안 작성

### (1) 헌법조항

의회에서 모든 입법 발의는 법안 형태로 이루어져야 한다. 의회를 통과한 법안은 대통령의 동의를 위해 이송된다. 대통령은 법안을 제출 받고 15일 내에 그 법안에 동의하거나, 재정법안이 아닌 법안의 경우에는 문서로 법안이나 특정 조항의 재검토나 수정사항의 검토를 요청하며, 그 법안을 의회에 환부할 수 있다. 대통령이 재의를 요청하지 않으면 15일 경과 시 법안에 동의한 것으로 간주된다.

대통령이 법안을 환부한 경우에 의회는 대통령의 요청사항과 함께 법안을 검토하여야 한다. 의회가 법안을 수정하거나 원안대로 의회 재적의원의 과반수 찬성으로 통과시키는 경우 대통령의 동의를 위해 이송되고, 대통령은 법안을 제출 받고 7일 내에 법안에 동의하여야 한다. 대통령이 법안에 동의하지 않으면 7일이 경과 시 법안에 동의한 것으로 간주된다. 대통령이 의회를 통과한 법안에 동의하거나 동의한 것으로 간주되면 의회법률(Act of Parliament)이라 불리는 법률이 된다.

### (2) 입법의회실(LPAD)의 법안 작성

#### ① 입법 발의

모든 입법계획은 해당 행정부처/실이 내각의 승인을 위해 제출한다. 내각이 승인하면 법안 또는 시행령과 같은 입법 형태를 갖추도록 하는 요청과 함께 그 계획을 법무의회부 내 입법의회실에 회부한다. 해당 입법계획이 내각의 승인을 득하지 못하면 보통 입법의회실에 회부되지 않고, 입법의회실도 법초안 작성에 착수하지 않는다.

#### ② 입법의회실 회부

법령 초안의 작성을 위해 입법의회실에 회부되는 모든 입법계획에는 내각에 제출한 명세서 또는 개요서와 함께 별도의 지시서를 포함해 그 계획과 관련된 모든 문서가 첨부되어야 한다. 지시서는 내각이 승인한 계획서의 내용을 충분히 명시하고 법률안에 포함시킬 모든 핵심 사안을 명확히 제시해야 한다.

#### ③ 법률안 작성

입법계획이 회부되면 입법의회실은 그 계획을 검토하여, 헌법을 월권(*ultra-vires*)하지 않거나 국가정책의 기본원칙에 모순되는 조치가 없다고 인정하면 해당 입법계획을 충분히 반영하여 법안을 작성한다. 입법의회실이 입법계획을 검토한 결과 그 계획에 헌법을 월권하거나 국가정책의 기본원칙에 모순되는 조치가 있다고 인정하면, ㉠ 헌법을 월권한 경우에는 해당 사항을 삭제하여 제안서의 수정을 권고하는 의견서, ㉡ 국가정책의 기본

원칙에 모순되는 경우에는 입법계획이 그 원칙에 부합하도록 해당 사항의 재고를 권고하는 의견서와 함께 입법계획을 해당 행정부/실로 회부한다.

입법의회실이 회부한 입법계획을 접수하면 해당 행정부/실은 권고사항을 고려해 해당 계획을 재검토 및 수정하고, 법안작성을 위해 입법의회실에 수정된 입법계획을 송부한다. 입법의회실은 수정된 계획을 반영하여 법안을 작성한다. 입법의회실이 작성된 법안을 돌려보낼 때는 헌법 제82조에 따라 대통령 사전권고의 필요성 여부도 제시한다.

④ 행정부/실의 법안 검토

이후 해당 행정부/실이 법안을 검토하여 입법계획이 정확히 반영되었는지 확인한다.

⑤ 의회 상정을 위한 내각의 법안승인

입법의회실이 확정한 법안을 해당 행정부/실에서 최종 승인하면 의회에 법안 상정을 승인하도록 그 법안을 각료회의에 제출한다.

⑥ 대통령의 권고

법안이나 법안 수정이 헌법 제82조에 따라 대통령 권고를 필요로 하는 경우에는 해당 행정부/실은 재정실을 통해 의회에 법안 상정이나 법안 수정 제출에 대한 대통령의 권고를 득한다.

대통령의 권고를 득하면 그 권고는 입안상정 동의 통지서에 담겨 법안 상정일 전까지, 수정의 경우에는 수정안 제출일 전까지 의회에 전달된다.

⑦ 불복사유서 및 조항설명서 작성

지시서에 따라 조치를 마친 후, 해당 행정부/실은 필요시 법무부와 협의를 거쳐 불복사유서와 법안 조항의 요지 및 근원의 설명을 위해 바람직하다고 인정하는 법안 조항설명서를 작성한다.

해당 행정부/실은 법안과 관련해 채택할 행동방침을 수립하고, 주무장관이 법조항 이행에 사용할 지침서를 작성한다.

⑧ 법안 수정

법안이 의회에 상정되면 정부는 개정사항을 심의한다. 해당 행정부/실은 법무의회부와 협의를 거쳐 개정안을 작성하고 필요 시 「의회절차규칙」에서 규정한 방식으로 대통령의 권고를 득한 후 의회에 필요한 통지를 한다.

일반의원이 의회에 상정된 법안 수정을 제안하는 경우, 의회사무국은 해당 행정부/실 및 법무부에 수정안 사본을 송부한다. 법무부와 협의를 거쳐 수정안을 검토한 후 해당 행정부/실은 자체의견 및 (해당시) 법무부의 의견과 함께 그 수정안을 주무장관에게 제출한다.

법안에 대한 수정제안이 원법안의 원칙이나 정부지출에 영향을 주거나 영향을 줄 가능성이 있는 성질의 것인 경우, 주무장관은 내각의 동의를 구하거나 득하기 전에는 수정을 수락하는 결정을 하지 않는다.

⑨ 협의 대상인 개인 및 협회 목록의 제공

의견 청취를 위해 법안 회람요청서가 제출되면 해당 행정실/부는 의견 수렴의 대상인 개인, 협회 및 공공단체의 목록을 여당 원내총무와 협의하여 의회에 제공한다.

⑩ 시행령 서명본 보관

시행령이 제정되어 공포되면 대통령이 서명한 시행령 원본은 법무의회부가 보관하며, 장관이 승인하지 않으면 법무의회부 외부로 이동하지 못한다.

⑪ 법안 게재

의회 서기는 상정된 모든 법안을 불복사유서 및 재정보고서(첨부된 경우에 한함)와 함께 신속히 관보에 게재하여야 한다.

## 4. 행정부-입법부 관계

의회가 독점적으로 법률을 제정할 수 있음에도 방글라데시의 입법부와 행정부간에는 기능적인 통합이 있다. 앞에서 설명한 입법과정에 따라서 행정부가 법률 제정 요구를 최초로 인지하고 제기한다. 행정부 내의 관련 부서 또는 소관기관이 처음에 주도권을 잡고 준비·진행하고 이후 법안의 형태로 입법부에 송부한다.

이후 입법부는 내각의 법안에 대한 공식 절차를 독립적으로 개시하고 다양한 방법으로 통과 여부를 검토한다. 3개 부 중 입법부 및 행정부는 공통된 목적을 달성하기 위해 긴밀한 관계를 유지할 수 있다. 방글라데시와 같은 의회 형태를 가진 정부에서는 내각이 실질적인 행정권을 행사하며 입법부의 필수기관으로 간주된다. 왜냐하면 내각은 매운 드문 경우를 제외하고 의회의원들로 구성되고 의회에 보고의 책임을 지기 때문이다. 이러한 입법부와 내각의 불가분의 관계는 방글라데시 의회 내에서 권력의 융합을 일으킨다. 이 권력 융합은 균형 있게 작용하지 않고 행정부 쪽으로 기울어져 있고, 그 결과 입법부의 권한은 줄어들고 행정부가 우위를 차지하는 추세가 점진적으로 관찰되고 있다.

## 5. 방글라데시 입법위원회(Bangladesh Law Commission)

역동적인 사회에서 국법은 그 법에 정통한 사람들로 구성된 주무당국과 그 법이 운용되고 있는 사회가 부단히 검토하여야 한다. 여기에서 볼 수 있듯이 각각 다른 시기의 다른 정권마다 법률개혁기관을 수립할 필요를 느꼈고, 이러한 필요에 부응하여 1996년 『입법위원회법』이 제정되고 입법위원회가 설치되어 업무를 시작했다.

## 1) 방글라데시 법률관련 사이트

### (1) 법무부

제정된 모든 법률은 『방글라데시 법전』(Bagladesh Code)에서 찾을 수 있다. 방글라데시 법령정보(Laws of Bangladesh) 사이트에서 검색 메뉴를 이용해 법령, 시행령, 대통령명령, 또는 법이나 시행령의 특정 편, 장, 조 등을 찾을 수 있다. 검색 옵션을 선택하려면 홈페이지에서 'Laws of Bangladesh'를 클릭하면 된다.

검색 메뉴의 경우, ① 문구, ② 약칭, ③ 법률번호 ④ 연도, ⑤ 편명, ⑥ 장, ⑦ 조, ⑧ 상세검색, ⑨ 알파벳순, ⑩ 연대순의 10가지 검색 방법을 이용할 수 있다.

방글라데시 법률은 http://bdlaws.minlaw.gov.bd에서 찾을 수 있다.

---

### 다른 하급법원별 재판절차

재판절차는 형사/민사에 상관없이 법원에 소송이 제기되거나 변호하는 방식이나 형태를 말하며, 소송의 처음부터 끝까지 전 과정을 포함한다.

#### 1. 형사소송절차

형사소송절차는 4단계로 진행된다.

1. 소송전단계
2. 소송단계(법원)
3. 공판단계(법원)
4. 공판후단계(경찰, 교정본부, 보호관찰기관 등)

## 1) 소송전단계

### (1) 영장 없이 체포 가능한 범죄의 최초신고서

첫째, 『형사소송법』 제154조에 따라 누구든지 영장 없이 체포 가능한 범죄에 대한 최초신고서를 경찰서에 접수할 수 있다. 둘째, 경찰이 전화 등과 같은 출처, 풍문이나 자력(제157조)으로 영장 없이 체포 가능한 범죄를 인지할 수 있다. 셋째, 제190조에 따라 영장 없이 체포 가능하거나 체포 불가한 범죄를 인지하면 치안판사는 수사 및 보고를 위해 그 사건을 경찰서에 송부할 수 있다(제155(3)조 및 156(3)조). 마지막으로 제200조에 따라 고소를 접수한 후 치안판사는 제202조에 따라 사건조사를 위해 경찰서에 송부할 수 있다. 앞서 언급한 출처들로부터 정보를 입수한 담당경찰은 경찰서마다 비치하는 대장에 그 내용을 기록하여야 하고, 이 기록된 정보를 최초신고서(First Information Report, FIR)라고 부른다.

### (2) 영장 없이 체포 가능 또는 체포 불가인 범죄와 고소

영장 없이 체포 불가인 범죄행위에 대한 신고를 받은 경찰은 치안판사의 명령 없이는 그 사건을 수사할 수 없고 단순히 업무대장에 사건을 기록한 후 신고자를 치안판사에게 보낸다. 치안판사는 선서를 시킨 후 신고자를 심문한다(제135조 및 200조). 누구든지 치안판사에게 영장 없이 체포 불가인 범죄를 서면으로 고소할 수 있다. 고소를 접수한 치안판사는 제200조에 따라 선서를 시킨 후 고소인을 심문한다. 심문을 마치면 치안판사는 해당 사건을 인지하거나 기각할 수 있고 사건내용에 대한 조사나 수사를 명할 수 있다. 사건이 인지되면 고소등록사건(Complaint Registered Case, C.R.Case)으로 등록된다.

### (3) 치안판사에게 보고

경찰서에 최초신고서가 접수되는 동시에 최초신고서 번호(FIR No.) 또는 경찰서 사건번호(PS Case No.)가 지정된다. 고소사건을 제외한 거의 모든 형사사건이 경찰서 사건번호와 함께 시작된다. 경찰서에서 최초신고서가 작성된 이후에 원본은 형사소송법 제157조의 요건에 따라 법원서기를 통해 지체 없이(24시간 이내) 치안판사에게 송부되어야 한다. 고소사건인 경우에는 치안법원에서 C.R.P.(고소등록신청) 사건번호나 C.R.(고소등록) 사건번호와 함께 시작되며, 경찰서에서 최초신고서를 접수하는 것으로 시작되지 않았기에 이 사건에 해당하는 경찰서 사건번호는 없다. 치안판사는 고소에 따른 보고를 받은 후 재판근거를 판단하고, 고소신청사건은 고소등록사건이 된다.

### (4) 수사 및 사건일지

영장 없이 체포 가능한 범죄의 경우에 경찰은 치안판사의 명령 없이 해당 범죄를 수사할 수 있다(제156조). 반면에 영장 없이 체포 불가한 범죄의 경우에 경찰은 치안판사의 명령을 받은 이후에만 해당 범죄를 수사할 수 있다(제155조). 수사란 수사관이나 치안판사가 아닌 사람으로서 치안판사의 인가를 받아 수사를 하는 사람이 밟는 단계이다.

수사 중 체포가 이루어지거나 체포 후 24시간 내에 수사가 끝나지 않는 경우에 경찰관은 체포된 사람을 치안판사 앞에 데려가서 그 사람에 대한 추가신문을 위한 경찰구금을 요청할 수 있다.

수사는 다음과 같이 진행된다.
- 현장출동
- 사실관계 및 사건정황 확인
- 용의자 또는 범인 색출 및 체포
- 범죄혐의 관련 증거 수집
- 수집한 증거를 근거로 체포한 사람을 재판에 회부할 수 있는 사건이 성립하는지 의견을 정하고, 사건이 성립되는 경우에는 제173조에 따라 사건기록부를 접수하여 필요한 절차를 밟음

- 경찰관이 수사 중 확인한 사실관계와 그가 취한 모든 조치와 일시를 기록한 사건일지 작성

(5) 종결보고서/사건기록부

수사 종결 시 수사관은 종결보고서나 사건기록부(제173조)를 제출하여야 한다. 종결보고서를 제출한 경우에는 수사를 통해 범죄사건이 성립되지 않으므로 피의자를 구금에서 풀어주거나 보석으로 석방해야 한다. 반면에 사건기록부를 제출한 경우에는 범죄자 기소의견을 제시한 것이다.

(6) 종결보고서 및 불복청구

경찰이 피의자에 대해 사건성립 안됨이라는 의견으로 종결보고서를 제출한 경우, 치안판사는 보고서를 면밀히 검토한 이후 그 보고서를 수리하거나 거절할 수 있다. 거절한 경우에 치안판사는 추가 수사를 명할 수 있다. 치안판사는 조사를 지시하고 고소인을 심문하여 사건을 인지할 수 있다. 치안판사가 종결보고서를 수리하는 경우, 피해신고인은 법원에 불복청구를 접수할 수 있다. 불복청구는 고소로 간주되고, 고소인이나 증인을 신문한 후 치안판사는 피의자에게 소환장이나 영장을 발부하거나 다른 치안판사가 피의자를 조사하도록 할 수 있다.

① 소송단계

- 인지 : 인지란 치안판사 혹은 판사가 범죄를 처음으로 주지의 사실로 받아들이는 시점을 말한다. 인지는 치안판사에 의한 소송절차 개시와는 다르며, 오히려 소송을 개시하기 위한 선행조건이라고 볼 수 있다. 「형사소송법」 제190조에 따라 대도시 치안판사장, 대도시 치안판사, 치안판사장 또는 1급 치안판사나 대행권한이 있는 치안판사는 범죄 인지를 할 수 있다.
- 인지방법 : 보통 범죄 인지는 피의자 앞에서 이루어진다. 피의자가 구금 중인 경우에는 범죄 인지를 위해 법정에 소환된다. 반면에 피의자가 체포되지 않은

경우에는 치안판사는 피의자 출석을 강제하는 소환장이나 영장을 발부하여야 한다. 피의자가 소환되면 치안판사는 사건기록을 검토하여 재판절차를 개시할 근거가 있는지 판단한다.
- 형사소송절차 개시 : 사건기록부에 근거해 사건이 인지되면 형사소송절차가 즉시 개시된다. 그러나 고소나 비공식 신고로 인지되는 경우에는 소송 개시 전에 거쳐야 할 단계가 있다.
- 적합한 법원에 이송 : 사건이 인지되거나 재판이 시작되면 피의자가 신청하거나 치안판사가 제192조에 따라 그 사건을 이송할 수 있다(사건이 형사법원 전속인 경우에는 제205C조에 따라, 또는 사건이 대도시 치안판사장이나 치안판사장이 심리하는 경우에는 제205CC조에 따른다).

② 공판단계
- 사전심리/기소 전 석방 : 피의자가 수감된 경우에는 공판기일에 교도소에서 소환된다. 보석 상태인 경우에는 법원에 출석하여야 하고, 재판을 기다리는 동안 구금된다. 보석 중인 피의자가 출석하지 않은 경우에는 공판법원이 피의자를 체포하도록 '체포영장'을 발부할 수 있다. 방법을 막론하고 피의자가 출석하거나 치안판사 앞에 소환된 경우, 치안판사는 먼저 사건기록을 검토하고 검사와 피고 측의 진술을 듣는다. 이후 치안판사는 혐의에 대한 근거가 없다고 인정하는 경우에 피의자를 석방할 수 있다(제241A조). 이 시점에서 피고측 변호인은 '기각요청(no case to answer)'을 제기할 수 있다. 이는 곧 검사가 피의자에 대한 혐의를 뒷받침하는 명백한 증거를 제시하지 못하면 피고 측은 '기각요청(no case to answer)'을 제기할 수 있다는 뜻이고, 이 경우 판사 또는 치안판사는 기소 전에 피의자를 석방한다.
- 기소 : 치안판사가 피의자에 대해 명백한 사건이 성립한다고 인정하고, 또한 사건을 심리할 권한이 있으면 기소장을 작성한다. 기소장은 피의자가 기소된 혐

의를 알 수 있도록 시간, 장소, 관련인 및 정황과 같은 세부사항을 충분히 기록해야한다(제242조).
- 변론 및 유죄 판결 : 기소장이 작성되면 피의자에게 기소된 범죄를 시인하는지 묻는다. 피의자가 혐의에 대해 유죄를 인정하면 치안판사는 유죄판결을 내릴 수 있다(제243조).
- 심리/증거조사 : 치안판사가 피의자 변론을 듣고 유죄 판결을 하지 않거나 피의자가 범죄를 인정하지 않는 경우, 치안판사는 증거를 토대로 한 사건 심리를 진행한다. 증거법 및 형사소송법(제 244조)에 따라 피의자 및 모든 증인을 신문 및 반대 신문한다.
- 형소법 제342조에 따른 조치 및 피고인 심문 : 검사측 증인을 신문하고 피의자 변론을 듣기 전에 법원은 사전 고지 없이 피의자에게 증거상 본인에게 불리한 정황에 대해 설명할 수 있도록 질문할 수 있다. 피고인은 질문에 답변하거나 답변을 거부할 수 있고, 법원은 피의자의 답변 등을 들어 공정하게 결론을 내린다.
- 선고 및 선고 이송 : 피의자가 유죄라는 결론을 내리면 치안판사는 선고를 한다. 치안판사는 피의자가 유죄라고 판결했으나 본인이 선고할 수 있는 처벌과 종류가 다르거나 더 엄중한 처벌을 받아야 한다고 판단하는 경우, 그 재판을 상급자인 치안판사장이나 1급 치안판사에게 이송할 수 있다(제349조).

③ 공판후단계

형사소송 판결은 면소 또는 유죄 판결로 종결된다. 면소 판결 시, 피고가 수감되어 있으면 판결문에 따라 면소 판결을 받은 수감자를 석방하도록 판결서 부본을 해당 교도기관에 송부한다. 반면, 징역 판결 시에 피의자는 법원에서 교도소로 이송되고, 정부가 선고를 유예하거나 집행을 면제한 경우를 제외하고는 판결문에 따라 복역한다. 형을 집행한 이후, 형 집행 교도관은 자필 서명을 한 형 집행방법 확인서과 함께 영장을 발부한 법원에 해당 영장을 반환한다(제400조). 사형이 선고되면 재판을 항소법원에 송치하며, 항소법원이 확인한 경우를 제외하고는 사형 집행을 해서는 아니 된다(제374조).

## 2. 민사소송절차

민사소송은 5단계로 진행된다.
1) 소송전단계
2) 소송단계
3) 재판단계
4) 판결
5) 시행 및 집행

**1) 소송전단계**

분쟁 당사자간에 평화로운 분쟁 해결을 목표로 하는 화해 및 중재의 첫 단계이다. 그러나 영국의 법제도와는 달리 방글라데시의 민사소송에는 소송전단계로서 중재에 대한 법조항이 없다. 유일한 강제적인 중재 절차는 「1961 무슬림가족법 시행령」과 「1985 가정법원 시행령」에 따라 가족 문제에만 이용할 수 있다.

**2) 소송단계**

(1) 소송제기/소장

「민사소송법」제26조에 따라 모든 소송은 소장을 제출하여 제기한다. 소장은 토지관할권과 재정관할권을 모두 가진 법원에 제출한다. 「민사소송법」제15호에 따라 민사법원에서 심리할 수 있는 소송은 해당 소송을 심리할 권한이 있는 최하급법원에 제기하여야 한다.

### (2) 소환장 발부

소송이 제기되어 등록되면, 다음 단계로 법원이 피고에게 법정에 출석하여 원고의 청구에 답변을 하도록 명하는 소환장을 발부한다(민사소송법 제27조, Order V).

### (3) 소환장 송달

소장 부본과 함께 피고에게 송달하는 소환장에는 피고에 대한 원고의 청구 취지와 원고가 요구하는 구제 조치(손해배상금, 부채회수, 자산회수, 가처분 등)를 기록한다. 소환장 송달은 보통 법원서기가 담당하고 일반적으로 등기우편으로 보낸다(민사소송법 Order V).

### (4) 소환장 반환/답변서 제출

법원은 소환장에 피고의 법원 출석일을 지정한다. 소환장을 받은 피고가 원고의 청구를 다투고자 하는 경우에는 소환장에 정해진 기일에 법원에 출두하여 답변서를 제출하거나 답변서를 제출할 기일을 요청한다. 피고는 답변서를 1차 심리일 이전까지 제출하여야 한다.

### (5) 대안적 분쟁해결(Alternative Dispute Resolution, ADR)

변론이 끝나면 당사자간 분쟁이 명확해지고, 법원은 보통 1차 심리일을 지정한다. 그러나 2003년에 『민사소송법』 제89A조와 89B조 및 『2003 ArthaRin Ain 법』의 제5장에 대안적 분쟁해결이라는 새로운 방법이 도입되었다.

### (6) 1차 심리 및 법원의 당사자 신문

대안적 분쟁해결(ADR)이 성공적으로 이루어지면 분쟁은 종료된다. 그러나 ADR이 실패하면 법원은 중재 결정 전에 소송이 중지된 단계에서 다시 심리를 진행한다. ADR을 진행하지 않거나 실패하는 경우에 법원은 1차 심리일을 정한다. 1차 심리에서 법원은 원고 및 피고나 그들의 변호인에게 소장 또는 답변서에 진술한 사실 주장에 대한 인정 여부를 확인한다.

(7) 쟁점조서

법정은 소송의 1차 심리에서 소장과 답변서를 낭독하고, 필요 시 당사자들을 신문한 후 양 당사자가 의견의 차이를 보이는 중요한 사실 또는 법적 문제를 확인하며, 사건에 대한 옳은 판결을 내릴 근거가 될 쟁점 사항을 기록하여야 한다. 쟁점을 기록할 1차 의무는 법정에 있으나, 양 당사자의 변호인도 쟁점 기록 시 법정을 지원하여야 한다.

(8) 제30조의 단계 및 심리 기일 지정

민사소송에는 이 두 단계가 있으나 요즘에는 법정에서 많이 따르지 않는 추세이다. 제30조 단계는 질문서의 교부 및 답변 제출, 서류 및 사실관계 인정과 증거로 제출 가능한 서류나 기타 자료의 파악, 열람, 제출, 몰수 및 반환에 대한 명령과 관련 있다.

3) 재판단계

(1) 소송 개시

원고는 최초진술을 먼저 시작할 권리가 있으나, 때로는 피고측 진술로 재판을 시작할 수도 있다. 실제로는 소송 쟁점사항에 대한 입증 의무에 따라 진술 순서가 달라진다(Order XVIII/Rule 1).

(2) 최종 심리/주신문/사건 입증 증거 제시

소송을 개시한 후 원고는 원고측 증인을 차례로 불러 원고측 주장에 유리하게 신문한다. 제출할 증거서류가 있으면 이 시점에 법정에 제출한다. 최종 심리는 가장 중요한 심리로서 주신문과 반대신문이 이루어진다.

### (3) 반대신문 및 재주신문

당사자 일방이 자신의 증인을 신문한 이후 상대방은 증인을 반대신문할 수 있다. 반대신문은 보통 주신문 직후에 이루어진다.

### (4) 쟁점정리/최종진술/변론

원고와 피고의 증거심리를 마친 후 변호인들이 변론을 한다. 최초진술을 먼저 시작한 당사자가 마지막에 최종진술을 하기 때문에 보통 피고측 변호인이 먼저 최종진술을 한다.

## 4) 판결

### (1) 판결 선고

심리가 끝나면 법정은 판결을 즉시 선고하거나 추후로 연기할 수 있다. 판결을 연기하는 경우에 법정은 판결기일을 정하여 분쟁 당사자에게 알려주어야 한다.

## 5) 판결문 집행 및 이행

### (1) 이행신청

이행은 재판 절차의 판결문을 집행하는 것으로 승소판결을 받은 자가 관할법원이 선고한 판결문의 열매를 거두도록 하는 절차이다. 모든 이행 절차는 이행신청서 접수로 시작한다. 이행신청서는 판결문을 선고한 법원, 또는 판결문이 다른 법원으로 이송된 경우에는 그 이송된 법원에 접수하여야 한다.

### (2) 신청서 심리

이행신청서가 접수된 법원은 이행신청서에 대한 심리기일을 정할 수 있다. 신청서 번호를 호명하였으나 신청인이 심리에 참석하지 않은 경우에 법정은 그 신청을 기각할 수 있다. 신청인은 출석했으나 상대방이 부재한 경우에 법정은 그 신청을 심리하여 적절하다고 인정하는 명령을 할 수 있다.

(3) 이행을 위한 소명통지서

Rule 22 Order 21은 민사사건에서 본인을 상대로 이행신청이 접수된 자에 대한 소명통지서 발부를 규정한다.

(4) 통지후 절차

소명통지서가 발부된 자가 출석하지 않거나 이행에 대한 소명을 하지 않는 경우에 법원은 판결문 이행 영장을 발부할 수 있다.

(5) 이행 방법

판결문에 명시한 자산을 인도하거나, 압류 매도, 무압류 매도, 판결 확정된 채무자를 체포하여 교도소에 구금, 관리인 지명, 분할권 실현, 또는 구제의 성격상 필요한 기타 다른 방법으로 이행한다.

# 베트남 법률제도 개관

Le Mai Thanh

# 베트남 법률제도 개관

Le Mai Thanh*

## 1. 들어가며

베트남 사회주의 공화국(The Socialist Republic of Vietnam)은 법률 문서의 종류와 입법 당국의 수가 무수히 많고 다양한, 세계에서 가장 복잡한 법체계를 가진 국가 중 하나이다.[1)]

외국인은 말할 것도 없고 베트남 국민들에게 있어서 베트남의 법은 준수하는 것뿐만 아니라 전체적으로 이해하는 것도 간단한 일이 아니다. 이 글은 베트남의 법체계를 간단명료히 정리하고 이해를 돕기 위해 서로 다른 기관에서 제정하고 있는 베트남의 현행 법률규범 체계에 대해 주로 기술하고자 한다. 이 글에서는 베트남 법학의 역사와 발전에 대해서는 다루지 않고, 2013년 베트남 헌법에 기초하여 법적으로 만료된 법률규범문서(legislative documents)들을 대체하여 발효 중이거나 새롭게 제정된 법들과 함께 베트남의 핵심 법원(法源)에 대해 기술 할 예정이다. 베트남의 일반화된 법률규범 체계는 헌법과 또한 베트남이 가입한 국제협정에 부합하고 있다.

이 글은 『2013년 헌법』, 『2015년 법률규범문서 공포법』, 『2016년 조약법』 등 베트남의

---

* 베트남 하노이에 소재한 베트남사회과학원 국가와 법 연구소(Vietnam Institute of State and Law- Vietnam Academy of Social Sciences) 법학강사. 이 글은 2016년 발간된 Legal Systems of Asia: A Short Guide 에 실린 Introduction to Vietnam Law를 최신 개정 및 변화 등을 반영하여 국내 독자들을 위해 국문으로 번역, 편집한 것임을 알림.
1) Ha Hung Cuong 베트남 전 법무장관이 2014년 6월 11일 베트남 국회에서 국회의원의 질의에 대한 대답

주요 법률문서를 토대로 작성됐다. 글의 말미에 베트남의 현행 법률을 찾아볼 수 있는 웹사이트 주소도 제공하고자 한다.

## 2. 법률제도

### 1) 개요

과거에는 법률규범문서가 베트남의 유일한 법원(法源)이었다. 그러나 최근 들어 베트남 법원에서는 재판 시 판례법을 언급하기 시작했다. 법률규범문서는 법률규정을 담고 있으며, 법률은 『2015년 베트남 법률규범문서 공포법』에서 규정하고 있는 권한, 방법, 절차에 관한 조항을 준수하여 공포된다.

규범적 규정은 전국 또는 특정 행정구역 내의 기관, 단체 및 개인에게 공통적으로 구속력을 가지며 적용이 되는 일반적인 행동규정으로 규제기관 또는 권한이 있는 자가 공포한다. 규범적 규정은 국가가 그 시행을 보장한다.[2]

판례법은 법원 판결에서 사용되는 법원(法源)으로서 하급법원이 참고하고 적용할 수 있도록 베트남최고인민법원(People's Supreme Court)의 판사회의(Judge Council)가 선정하고 법원장이 승인한다.[3]

### 2) 성문법의 종류

(1) 베트남의 법률규범문서 체계는 법률 효과에 따라 15개의 그룹으로 구성된 피라미드 구조의 위계질서를 갖는다. 법률규범문서는 국가 당국에 의해 다음과 같이 공포된다.

---

2) 『2015년 베트남 법률규범문서 공포법』 제2조 및 제3조1항
3) 『2014년 인민법원 구성에 관한 법』

① 베트남 헌법
② 국회의 법전 및 법률, 의결
③ 국회 상무위원회의 법령 및 의결, 국회 상무위원회와 베트남 조국전선중앙위원회 주석단(Management Board of Central Committee of Vietnamese Fatherland Front)의 연석의결
④ 국가 주석의 명령, 결정
⑤ 정부의 법령, 정부와 베트남 조국전선중앙위원회 주석단의 연석의결
⑥ 총리 결정
⑦ 베트남 최고인민법원 판사회의 의결
⑧ 베트남 최고인민법원 법원장의 시행규칙(circular); 베트남 최고인민검찰원 원장의 시행규칙; 장관의 시행규칙, 부급 기관장의 시행규칙; 베트남 최고인민법원 법원장과 최고인민검찰원(Supreme People's Procuracy) 원장 간의 연석시행규칙; 장관, 최고인민법원 법원장, 최고인민검찰원 원장 간의 연석시행규칙; 국가감사원장의 결정
⑨ 중앙 소속 도시 및 성(省)급 인민위원회 의결
⑩ 성(省)급 인민위원회 결정
⑪ 행정-경제단위 지방정부의 법률규범문서
⑫ 성(省) 내의 현(縣)급 인민위원회 의결
⑬ 현(縣)급 인민위원회 결정
⑭ 현(縣) 내의 사(社)급 인민위원회 의결
⑮ 사(社)급 인민위원회 결정[4]

---

4) 「2015년 베트남 법률규범문서 공포법」 제4조

(2) 법률규범문서의 그룹별 범위는 다음과 같이 요약할 수 있다:

① 국회는 다음의 조직적 구조 및 운영에 관한 법률을 공포한다:

- 국회, 국가주석, 정부, 인민법원, 인민검찰원, 국가선거관리위원회, 국가감사원, 지방자치단체, 행정-경제단위, 기타 국회에 의해 설치된 기관; 헌법에 따라 법률로 규정되어야 하는 인권, 기본권 및 시민의 의무, 인권 및 시민권의 제한; 범죄 및 처벌; 국가 재정 및 국가 예산에 관한 기본 정책; 세금 부과, 조정 또는 취소; 문화, 교육, 의료, 과학, 기술 및 환경에 관한 기본 정책; 국방 및 안보; 민족과 종교에 관한 국가 정책; 베트남 인민군의 계급; 외교관 계급; 기타 국가직 계급; 훈장과 국가의 명예 직함; 기본 외교정책; 국민투표; 헌법 보호 메커니즘

국회는 다음의 사항을 규정하는 의결안을 공포한다:

- 중앙정부 예산과 지방정부 예산의 세입 배분 비율 및 의무지출 비율; 법률에 의해 규제되지 않거나 국회의 결정 범위 내에 있는 준용가능한 법 규정과는 다른 새로운 정책에 대한 시범적 시행; 사회경제적 발전, 인권보장 및 시민권과 관련하여 긴급한 요구사항을 해결하기 위해 법률 또는 국회 의결의 전부 또는 일부의 시행 시기 중단 또는 연장; 국가 비상사태에 대한 조치 및 국가 방위와 안보를 위한 특별 조치; 사면 선언

또한 국회는 그 권한 내에서 기타 법률 및 의결안을 공포한다.

② 국회 상무위원회는 국회가 정한 법령 및 의결안을 공포한다.

국회 상무위원회는 다음에 관한 의결안을 공포한다:

- 헌법, 법률 및 법령에 대한 설명; 사회·경제적 발전을 위해 긴급한 요구가 있을 경우 국회 상무위원회가 공포한 법령 또는 의결안의 전부 또는 일부의 시행기간을 중단 또는 연장; 국회 상무위원회에서 공포한 법령·의결의 무효(법령이 무효화된 경우, 국회 상무위원회는 빠른 시일 내에 국회에 보고서를 제출한다); 완전동원 또는 부분

동원의 선언; 전국적 또는 지엽적인 국가비상사태의 선포 또는 취소; 인민회의 운영에 관한 지침 제공

그리고 국회 상무위원회의 권한 내에서 그 밖의 문제를 결정한다.

③ 국가주석은 완전동원 또는 부분동원령의 선포를 명하고 결정한다.

- 국회 상무위원회의 의결에 따라 국가비상사태를 선포 또는 취소한다; 국회 상무위원회가 회의를 개최할 수 없는 경우에는 전국 또는 국지적으로 국가비상사태를 선포 또는 취소한다; 국가주석의 권한 내에서 기타 사항들을 결정한다.

④ 국회의 위원회 또는 베트남 정부와 베트남 조국전선중앙위원회 주석단은 법률이 정한 사항을 구체적으로 다루는 연석의결을 공포한다.

⑤ 정부는 다음의 사항을 규정하는 법령을 공포한다:

- 법률 및 국회 의결, 국회 상무위원회의 법령 및 의결, 국가주석의 명령 및 결정에 명시된 조항, 구문 및 단락에 대한 구체적인 지침
- 헌법, 법률 및 국회의 의결, 국회 상무위원회 법령 및 의결, 국가주석의 명령과 결정에 관한 구체적인 시행 조치, 사회경제 정책, 국방 및 안보, 재정, 예산, 조세, 윤리, 종교, 문화, 교육, 의료, 과학 및 기술, 환경, 외교, 국가관리직 및 공무원, 시민의 권리와 의무 및 기타 정부의 운영 사항에 관한 정책의 이행조치; 2개 이상의 부처, 장관급 기관의 의무 및 권리에 관한 사항; 정부 부처, 장관급 기관, 정부 기관 및 정부 운영상의 기관의 의무와 권리, 조직구조
- 그 밖에 국회 또는 국회 상무위원회의 권한 내에서 필요한 사항으로 아직 법령으로 제정되지 않은 사항. 이 유형의 법령이 공포되기에 앞서 국회 상무위원회의 동의가 필요하다.

⑥ 총리는 다음 사항을 규정하는 결정을 공포한다:

- 정부의 운영방법 및 중앙정부에서 지방정부로의 국가행정시스템 운영방법, 정부 및 지방정부 구성원과의 업무수행에 관한 규정, 그 밖에 총리의 권한 내에 있는 사항; 정부 구성원에 대한 지침 제공 및 업무조정에 관한 정책; 베트남 공산당의 정책 및 국가 부처, 장관급 기관, 정부 기관, 지방자치단체의 정책과 법령의 준수 여부 점검

⑦ 최고인민법원의 판사회의는 법의 준용 사례를 요약하고 판결을 조사하여 판결 시 법의 일관된 적용을 위한 지침을 마련하도록 결의문을 공포한다.

⑧ 나머지 그룹의 기능, 의무 및 권한에 따른 특정 사항을 규정하는 법률규범문서는 국가 당국이 공포한다; 상위규범 문서에 규정을 명시한다; 그 밖에 할당된 업무를 이행하기 위한 조치를 규정한다.

(3) 법률규범문서 체계에서 베트남이 서명하고 시행하는 국제조약은 베트남 사회주의 공화국 헌법에 부합해야 한다.[5] 그 밖의 법률규범문서는 베트남 사회주의 공화국이 서명자인 국제협약의 이행을 방해해서는 안 된다.[6] 따라서 국제조약은 헌법에 부합해야 하며 국내 다른 법률규범문서에 우선한다. 베트남의 모든 법률규범문서에는 베트남의 법률규범문서와 국제협약 사이에 충돌이 있을 경우 협약이 우선한다는 조항이 포함되어 있다.

(4) 판례법은 『2014년 법원조직법』과 2019년 6월 18일 공포된 판례법의 선정·발표·적용 절차에 관한 최고인민법원 판사회의의 의결 04/2019/NQ-HDTP에 따라 법원의 판결실무에 적용되는 법원(法源)으로서 공식 인정되고 있다. 이에 따라 2020년 7월 15일 최고인민법원 판사회의는 판례 37건과 기타 판례 초안 14건을 선정해 발표했고, 2016년 6월 1일부터 최고인민법원과 군사법원은 의무적으로 판례를 연구하고

---

5) 『2016년 국제조약법』 제3조1항(2016.7.1 시행)
6) 『2015년 법률규범문서 공포법』 제5조5항

적용하고 있다.

의결 04/2019/NQ-HDTP[7]에 따라 판례법은 특정 사건에 대한 법원의 효과적 판단의 결정인 논증을 포함하고 있으며, 이는 최고인민법원 판사회의에서 선정한다. 최고인민법원장은 이를 법원의 참고와 적용을 위한 선례로서 발표한다.

판례법은 논란이 되는 법률규정을 명확히 하기 위한 논증; 쟁점에 대한 분석, 설명, 법률사건 및 참고 원칙; 특정 사건에 적용되는 법률문서를 토대로 선정된다.

판례법은 높은 수준의 형식과 법리의 일관된 적용을 위한 지침적 효과를 가지고 적용되어야 하며, 법원은 상황이나 법적 사건이 유사한 사건의 경우 유사한 판결이 도출될 수 있도록 해야 한다.

## 3. 입법절차

### 1) 개요

베트남 사회주의 공화국 헌법에 따라 국회는 2015년 6월 22일 『법률규범문서 공포법』(법률 No. 80/2015/QH13)을 공포했다. 이 법은 법률규범문서의 작성과 공포에 있어서 원칙, 권한, 방식, 절차에 대해 규정하고 있으며, 법률규범문서의 작성에 있어서 규제기관, 단체 및 개인의 책무를 규정하고 있다. 이 법은 헌법의 입안 및 개정은 다루지 않는다.

이 글의 다음 장에서는 법률과 법령, 국회의 의결을 수립하고 공포하는 절차를 소개할 예정이다. 첫째, 매년 베트남 공산당 정책과 국가 정책, 사회경제 발전 전략, 국방 및 안보 전략, 그리고 각 기간별 국가운영 요건에 따라 인권과 기본권, 시민의 의무를 보장하기 위한 법령 입안 프로그램이 수립된다. 둘째, 국회는 전년도의 첫 회기에 법령 입안 프로그램을 결정한다.

---

7) 판례법의 선정·발표·적용 절차에 관한 최고인민법원 판사회의의 의결 04/2019/NQ-HDTP의 제1조

## 2) 입법절차

### (1) 헌법

① 국가주석, 국회 상무위원회, 정부 또는 재적 국회의원의 3분의 1 이상은 헌법의 공포 또는 수정을 요구할 수 있다. 국회는 재적의원 3분의 2 이상의 찬성으로 공포 또는 개정안이 의결된 경우에는 헌법의 공포 또는 개정을 결정할 수 있다.

② 국회는 헌법입안위원회(Constitution Drafting Committee)를 둔다. 위원회의 내용, 위원 수, 권한 및 과업은 국회 상무위원회의 요청에 따라 국회가 결정한다.

③ 헌법입안위원회는 헌법안을 작성하고, 국민의 의견을 수렴할 준비를 하며, 국회에 헌법안을 상정한다.

④ 헌법안은 국회 재적의원 3분의 2 이상이 찬성하여 의결한다. 헌법에 대한 국민투표는 국회의 재량에 따른다.

⑤ 공고 및 시행 시기는 국회에서 결정한다.

### (2) 법령 및 국회 의결안의 입법절차

① 정부 기관 및 조직의 법령안 요청
- 대통령, 국회 상무위원회, 민족위원회, 국회 위원회, 정부, 최고인민법원, 최고인민검찰원, 국가감사원, 베트남 조국전선중앙위원회 주석단, 그리고 입법계획(law project)을 국회에 제출하고 국회 상무위원회에 입법계획을 제출할 자격이 있는 베트남 조국전선중앙위원회의 중앙 기관 및 관련 단체는 법령을 요청할 수 있다.
- 법령안의 요청은 다음을 근거로 해야 한다:
  - 공산당과 국가의 정책
  - 입법계획의 정책과 관련된 법 시행 결과 또는 사회적 관계 평가
  - 국가경영 요건, 사회경제적 발전; 인권의 보장, 국민의 기본권과 의무; 국방 및 안보 보장

- 베트남 사회주의 공화국이 서명국으로 가입한 국제협약

② 법령 발의, 법령 입안 요청
- 국회의원은 법령을 발의할 권리가 있다. 법령안은 반드시 공산당과 국가의 정책, 국가경영의 요건, 사회경제적 발전, 인권보장, 국민의 기본권 및 의무, 국방과 안보의 보장, 베트남 사회주의 공화국이 서명한 관련 국제협정에 근거해야 한다.
- 국회의원은 법령 입안을 요청할 자격이 있다.
- 국회의원은 법령의 발의나 입안 요청, 국회사무처(Office of the National Assembly), 국회대표단실(Office of National Assembly Delegation), 또는 연구기관에 법령안 입안 지원을 요청할 수 있다.
- 국회사무처는 국회의원의 법령 발의 및 입안 권리를 행사할 수 있도록 할 책임이 있다.

③ 정부의 법령 입안 요청 책임

정부에서 제출하는 입법계획의 경우, 부처 또는 장관급 기관은 법령안의 입안을 직접 요청하거나 총리가 정하는 바에 따라 요청하여야 한다.

④ 정부의 법령 입안 요청에 대한 평가
- 법무부는 법령 입안 요청을 정부에 제출하기 전에 입안요청서의 접수로부터 20일 이내에 그 요청에 대한 평가를 주도적으로 실시하며, 재정부, 내무부, 외교부 및 관련 기관과 협조해야 한다.
- 법령 입안 요청을 하는 부처 또는 장관급 기관은 법무부에 평가신청서를 송부해야 한다.
- 평가보고서에는 평가내용에 대한 법무부의 의견과 법령 입안 요청이 총리에게 제출해도 될 수준인지 여부가 포함돼야 한다.
- 평가보고서는 평가 종료후 10일 이내에 법령 입안을 요청한 부처 또는 장관급

기관에 송부되어야 한다. 청구기관은 송부된 의견을 바탕으로 법령 입안요청서를 수정·완료하고, 정부에 수정된 법령 입안요청서와 의견조서(feedback report)를 함께 제출하며 또한 법무부에 송부하여야 한다.

⑤ 정부의 법령 입안 요청서 제출

법령 입안을 요청하는 부처 또는 장관급 기관은 정부회의일 20일 전까지 법령 입안 신청서를 정부에 제출하여야 한다.

⑥ 정부가 제출하는 법령 입안 요청서의 승인 검토

정부는 다음의 순서에 따라 법령 입안 요청서의 검토 회의를 개최한다.

- 법령 입안을 요청하는 각 부처 및 장관급 기관의 대표자가 법령 입안 요청서에 대해 설명한다.
- 법무부는 평가서를 제출한다.
- 회의에 참석한 기관 및 단체의 대표들은 의견을 제시한다.
- 정부는 법령 입안 요청이 있는 경우 논의를 하고 해당 정책에 대한 투표를 진행한다. 정책에 대한 재가는 정부 위원(government members)의 과반수 이상의 의결이 있어야 한다.
- 정부는 재가된 정책을 바탕으로 법령 입안 요청에 대해 결정한다.

## 4. 베트남의 기본법

### 1) 개요

베트남의 기본법은 헌법, 민법, 민사소송법, 형법, 형사소송법, 행정위반관리법(Law on Handling of Administrative Violations), 상법, 행정소송법이다.

## 2) 베트남 사회주의 공화국의 헌법

헌법은 베트남의 기본법이자 최고법이다. 헌법은 정치 체제, 인권, 기본권과 시민의 의무, 경제, 사회, 국가사무, 문화, 교육, 과학, 기술 및 환경, 국방, 국회, 국가주석, 정부, 인민법원과 인민검찰원, 지방정부와 국가선거관리위원회, 국가감사원에 관한 핵심 사항을 규정한다.

다른 모든 법률규범문서는 헌법에 부합하여야 하며, 헌법에 대한 위반은 헌법에 따라 처리된다.

베트남 제1차 헌법은 1946년에 제정되었고, 그 뒤를 이어 1959년, 1980년, 1992년(2001년 개정), 2013년에 몇 가지 다른 버전의 헌법이 제정되었다. 가장 최근의 헌법은 2013년 11월 28일에 채택되었고 현재 시행 중이다. 헌법은 전문을 시작으로 11장 120조로 구성되어 있다.

## 3) 민법

『2015년 베트남 민법』이 현재 시행 중이다. 민법은 사회 내 모든 시민 간의 관계를 지배하는 핵심 법이다. 베트남 최초의 민법은 1995년에 제정되었고, 제2차 민법은 2005년에 제정되었다. 2015년 11월 24일 국회에서 『2015년 민법』이 통과되어 2017년 1월 1일부터 발효되었고 『2005년 민법』을 대체하게 되었다.

『2015년 민법』은 총 689조로 구성되어 있으며 총칙, 소유권과 기타 권리, 의무와 계약, 상속, 외국과 관련된 민사관계의 준용법, 집행조건의 6개 편(section)으로 나뉜다. 『2015년 민법』은 헌법의 요건에 맞게 신설, 개정, 보완된 27개 장으로 구성되어 있으며, 이 가운데에는 민사행위능력 규정의 완성, 미성년자의 기본권을 보호하기 위한 후견인제도와 대표제도, 인지력과 행동통제력에 제약이 있거나 민사행위능력이 없는 사람, 행위능력 제한자가 민사 관계에서 다른 주체들과 동등한 대우를 받을 수 있는 조치들, 트랜스젠더 권리 등의 내용이 들어있다.

### 4) 형법

『2015년 형법』(2017년 개정)이 현재 시행 중이다. 형법전은 방대하고 광범위한 형법조항을 담고 있고, 모든 범죄와 처벌이 규정되어 있다. 제1차 베트남 형법은 1985년에 제정되었다(1989년, 1991년, 1992년, 1997년 개정). 제2차 형법은 1999년 제정(2009년 개정)됐다. 사형제도를 비롯한 다양한 유형의 처벌이 규정되어있다. 새로운 형법 No. 100/2015/QH13는 26장 426조로 구성되어 있으며, 2015년 11월 27일에 제13대 국회를 통과했다.

『2015년 형법』은 다음 사항에 관한 조항을 추가하여 개정되었다: 법인의 상법 및 환경 분야에서의 형법적 책임; 18세 미만 국민에 관한 정책의 개선; 심각한 특정 범죄로 귀결될 수 있고 국가의 경제·경영규정을 고의로 위반하는 경영관리상의 행위; 베트남이 가입되어 있는 국제조약 중 관련 규정을 국내법으로 만들어 범죄와의 전쟁에서 국제 공조를 강화.

『2015년 형법』이 제정된 후 제14대 국회는 『2015년 형법』의 상당수 조항을 개정하는 법률 12/2017/QH14를 2017년 6월 20일에 의결하였다. 개정된 『2015년 형법』은 2018년 1월 1일자로 시행되었다.

### 5) 행정법

『베트남 행정위반관리법』 No. 15/2012/QH13은 2012년 6월 20일 제13대 국회에서 통과되었다. 이 법은 6편 142조로 구성되어 있으며 구 법인 『1995년 행정위반관리령』(1995 Ordinance on Handling of Administrative Violations)을 대체하고 있다.

『행정위반관리법』은 총칙, 행정위반에 대한 조치, 행정위반에 대한 행정관리조치의 적용, 행정위반 감소 조치 및 그 시행에 관한 조치, 행정위반을 한 미성년자에 대한 준용조항, 그리고 시행규정의 6편으로 구성되어 있다.

정부는 2013년 7월 19일 『행정위반관리법』의 시행을 위한 다수의 조항 및 조치를 상세히 규정하는 법령 81/2013/ND-CP를 공포하였다.

## 6) 상법, 투자법, 기업법, 노동법

### (1) 상법

『2005년 베트남 상법』은 2005년 6월 14일 제11대 국회에서 통과되었다. 『2005년 베트남 상법』은 2006년 1월 1일부터 시행되어 『1997년 베트남 상법』을 대체하게 되었다. 『2005년 상법』은 상품의 구매 및 판매, 서비스의 제공, 상업 진흥, 상업에서의 중개 활동, 상업적 처리, 상품의 경매, 상품 또는 서비스의 입찰, 물류 서비스, 베트남 영토 내 상품 운송 및 상품 운송 서비스, 평가 서비스, 상품 임차, 프랜차이즈, 상업적 구제 및 분쟁 해결, 상법 위반 관리 등에 관해 규정하고 있다.

상법에 따라 정부는 다수의 상법 조항을 상세히 규정하기 위해 각종 법령을 공포한다. 상법은 또한 베트남에서 상업 활동을 하고 있는 외국 상인들에 대해서도 규정하고 있다. 외국 무역업자(foreign trader)란 외국법에 따라 사업자등록을 하거나 외국법으로 인정받은 무역업자를 말하며, 외국 무역업자는 베트남에 대표 사무소 또는 지점을 설치할 수 있다. 또한 베트남 법에 따라 외국인 투자 기업을 베트남에 설립할 수 있고, 외국 무역업자의 베트남 주재 대표 사무소 및 지점은 베트남 법에서 규정하는 권리와 의무를 갖는다. 외국 무역업자는 베트남 법에 따라 베트남 주재 대표 사무소 및 지점의 모든 활동에 대한 책임을 진다.

베트남 법 또는 베트남이 계약 당사자인 국제조약의 규정에 따라 외국 무역업자가 베트남에 설립한 외국인 투자 기업은 베트남 무역업자로 간주된다.

### (2) 투자법

『2014년 투자법』은 2014년에 제정되어 현재 시행 중이다. 『2014년 투자법』은 베트남 내에서 일어나는 모든 기업투자활동과 해외 기업투자활동을 전부 관장하는 주요 법이다. 베트남의 제1차 투자법은 『1996년 외국인투자법』(2000년 개정)과 『1998년 국내투자촉진법』(2000년 개정)을 대체한 『2005년 투자법』이다. 신규 투자법은 2020년 6월 17일 제14대 국회에서 통과되었고, 2021년 1월 1일부터 시행되어 「2014년 투자법」을 대체할 것이다.

### (3) 기업법

「2014년 기업법」(2015년, 2016년, 2017년, 2018년, 2019년 개정)이 현재 시행 중이다. 이 법은 유한책임회사, 공동주식회사, 제휴회사, 민간기업 등 기업의 설립, 경영, 조직, 조직개편, 해체 및 기타 관련 활동을 관장하는 주요 법이다. 제1차 기업법은 1999년에 제정되었다(「1990년 회사법」과 「1990년 민간 기업법」을 대체함). 신규 기업법은 2020년 6월 17일 베트남의 제14대 국회에서 통과되어 2021년 1월 1일부터 시행될 예정으로 「2014년 기업법」을 대체하게 될 것이다.

### (4) 노동법

「2012년 노동법」이 현재 시행 중에 있다. 이 법은 노동 기준, 노동자와 고용주의 권리, 의무 및 책임, 노동자 대표단체, 노사관계 및 그 밖에 노사 관계와 직접 관련된 고용주 대표단체, 그리고 노동에 관한 국가 관리 등을 규정하고 있다. 신설된 「2019년 노동법」은 2019년 11월 20일 제14대 국회를 통과했고, 2021년 1월 1일부터 시행되어 「2012년 노동법」을 대체할 것이다.

### (5) 민사소송법

베트남의 민사소송은 민사소송법을 따른다. 현행 「2015년 민사소송법」은 2015년 11월 25일 제13대 국회의 10차 회기에서 통과되었다. 이 법은 2017년 1월 1일자로 발효되어 「2005년 민사소송법」을 대체하였다. 「2015년 민사소송법」은 10편 517조로 구성되어 있다.

민사소송법은 다음과 같은 민사소송절차의 기본원칙을 규정하고 있다: 민사, 혼인 및 가정, 사업, 거래 또는 노동 관련 분쟁에 대한 소송 개시 순서 및 절차(민사소송); 민사,

혼인 및 가정, 사업, 거래 또는 노동에 관한 요건을 조정하기 위해 법원에 요청하는 순서 및 절차(민사 사건); 민사소송 및 민사사건을 법원에서 해결하기 위한 순서 및 절차; 민사 판결 집행, 절차 수행 기관과 담당자의 업무, 권한 및 책임, 민사소송 및 민사사건의 신속 정확하며 합법적인 해결을 위한 민사소송 참여자 및 관련자, 국가 기관, 인민 군대 단위, 경제 단체, 정치 단체, 사회정치 단체, 사회정치 전문가 단체, 사회조직, 사회전문가 단체 (기관 및 조직)의 권리와 의무에 관한 원칙이다.

(6) 형사소송법

베트남에서의 형사절차는 형사소송법을 따른다. 베트남 최초의 형사소송법은 1988년에 제정되었고, 제2차 형사소송법은 2003년에 제정되었다. 현행 『2015년 형사소송법』은 2015년 11월 27일 제12대 국회에서 통과되었고(법률 101/2015/QH13), 2018년 1월 1일에 시행되었다. 이 법은 8편 37장 510조로 구성돼 있다.

형사소송법은 모든 범죄행위를 정확하고, 공정하며, 시의적절하게 밝히고 해결하며, 어떠한 위법도 지나치지 않도록 범죄를 예방하고, 저지하며, 방지하고, 부당한 유죄 판결로부터 죄 없는 사람들을 보호하고, 정의를 수호하고, 인권과 시민권을 수호하고, 사회주의를 지키며, 정부의 권익을 보장하며, 단체와 개인의 적법한 권리와 이익을 보호하고, 국민들이 법을 의식적으로 준수하도록 교육하는 것을 목적으로 한다.

형사소송을 위한 행위는 공정성과 법치주의를 보장하고, 인민검찰원과 국회 상무위원회의 감독 역할을 강화하고, 국제공조를 강화하는 방향이어야 한다.

『2003년의 형사소송법』과 비교하여 『2015년 형사소송법』은 ① 형사소송 수행 절차, ② 절차 수행 기관 간의 기능, 업무, 권한 및 관계, ③ 절차 수행자의 업무, 권한 및 책임, ④ 참여자 및 기관, 단체, 시민의 권리와 의무 ⑤ 형사절차에서 국제 협력에 관한 규정을 추가하였다.

『2015년 형사소송법』은 『2003년 형사소송법』과 마찬가지로 형사사건 해결을 위한 절차를 4단계로 규정하고 있으나, 특별 절차(미성년자, 법인, 요약절차)와 특별조사방법,

형량 및 판결의 검토와 같은 추가 규정도 담고 있다.

### (7) 행정절차법

『2015년 행정소송법』은 현재 시행 중이다. 이 법(93/2015/QH13)은 2015년 11월 25일에 제13대 국회를 통과했다. 제1차 행정소송법은 2010년에 제정되었다. 『2015년 행정소송법』은 2010년 법을 대체하는 법으로서 행정소송절차의 기본원칙을 규정하고 있다. 여기에는 소송절차를 수행하는 기관과 관계자의 업무, 권한 및 책임, 소송절차 참여자와 관련 기관, 단체, 개인의 권리와 의무, 소송 개시 및 행정사건 해결, 행정적 판결의 집행 및 행정소송에서 고소 및 고발의 해결에 관한 절차 등이 포함된다.

## 5. 베트남 법률 출처 찾기

### 1) 정부기관이 운영하는 웹사이트 개요

베트남 헌법 전문의 영어판은 다음의 웹사이트에서 제공하고 있다.
① 베트남 정부 공식 웹사이트: http://www.chinhphu.vn/portal/page/portal/English
② 법무부가 운영하는 웹사이트: http://www.moj.gov.vn/en/Pages/home.aspx

두 곳 모두 홈페이지의 우측 상단에 있는 'English' 아이콘을 클릭하면 영문 페이지를 이용할 수 있으며, 현재 모든 법령의 영문 버전이 제공되고 있다. 'Resources' 아이콘을 클릭하면 2015년 1월 1일에 제정된 베트남 헌법과 법률, 규정을 전문으로 보고 내려 받을 수 있다.

### 2) 법규

많은 개인과 기업들, 특히 베트남에 유학을 오거나 투자를 하려는 외국기업과 외국인들은 베트남의 현행 법규에 대한 정확한 이해와 신속한 파악 및 적용을 필요로 하고 있다. 다음에 소개하는 웹사이트는 영어로 된 정보를 원하는 사람들을 위한 것이다.

① 앞에서 소개한 베트남 정부와 법무부의 웹사이트에서는 법률규범문서를 찾아볼 수 있다. 베트남의 현행법과 구 법의 영문판이 수록되어 있다.

② http://english.luatvietnam.vn : 베트남 법을 알고자 하는 개인이나 단체가 이용할 수 있도록 영어로 지원하는 베트남 법률 포럼으로 1986년부터 현재까지 베트남어로 제정된 된 법률문서의 영문 번역본을 제공한다. 이 곳에서는 공식 및 비공식 번역본도 참고자료로 제공하고 있다.

국가주석실과 국회는 아직 영문 웹사이트를 제공하지 않고 있다. 최고인민법원 역시 판결 및 사건관련 법률해석의 영문본은 아직 제공하고 있지 않다.

# 인도 법률제도 개관

S. Sivakumar

# 인도 법률제도 개관

S. Sivakumar*

## 1. 들어가며

인도는 베다 시대로 알려진 기원전 1500년부터 500년경 사이에 시작된 법의 역사를 가진 나라이다. 고대 인도는 종교적인 처방과 철학에 기초한 소통을 했다고 알려져 있는데 이는 인도 법제도의 성격을 보여준다.

베다(*Vedas*), 우파니샤드(*Upanishads*) 등과 같은 경전에서 발생한 법제도는 다른 철학파들에 의해 보완되었다. 중세시대에 인도는 각각의 통치자가 지배하는 작은 왕국으로 분열되었다. 정의의 가치와 교훈은 각 왕국에서 수호되었고, 정치적 분열에도 불구하고 문화적 화합은 보존되었으며, 나라 전체에서 법률의 기본적 원칙은 여전히 작동했다. 수많은 전투가 일어났고 다른 대륙의 여러 황제들이 인도를 침략하고 통치한 후 풍부한 유산과 문화의 융합체를 남긴 채 떠났다.

18세기 후반에 영국통치기가 도래하며 인도 법제에 변화를 일으켜 영국 관습법을 준수하게 되었다. 따라서 인도의 근대 법체계는 근본적으로 영국 관습법을 토대로 한다. 영국이 도입한 다양한 법률은 현재는 사실상 인도의 현실에 맞게 수정되었다.[1] 근대 인도법 중 많은 부분이 유럽 및 미국과 상당히 연관되어 있다. 이 외에도 인도에는 다양한 종교

---

\* 뉴델리 소재 인도법제연구원(Indian Law Institute) 교수. 전 인도법률위원회 위원. 이 글은 2016년 발간된 Legal Systems of Asia: A Short Guide 에 실린 Introduction to Indian Law를 최신 개정 및 변화 등을 반영하여 국내 독자들을 위해 국문으로 번역, 편집한 것임을 알림.

1) 예로서 무수한 법령 중 「인도 형법전」(1860), 「인도 계약법」(1872) 및 「공직자비밀엄수법」(1923)을 들 수 있다.

공동체의 관습 및 행위에 매우 편향되어 있는 속인법(personal laws)도 있다. 법률은 사회의 변화 및 발전을 반영하도록 수시로 개정되어 왔다. 등한시 된 것들도 있지만 공익질서 및 공동체 윤리규범에 해당하는 수많은 과거 관습들이 문서로 기록되어 왔다.

인도 헌법은 연방정부 수립의 기반으로서 중앙과 주 간의 입법권과 행정권을 명확히 구분한다.[2] 인도 대법원은 최고 상소법원으로 각 주 고등법원의 결정에 대한 상소를 포함해 모든 법률적 문제를 결정한다. 현재 인도에는 28개 주가 있고 각 주는 자체 입법부 및 행정부가 있다. 그러나 법원의 경우는 이원 구조가 아니고, 사법부는 하나의 통합된 기관으로 존재한다. 인도 헌법은 국가의 모든 행정, 입법, 사법적 문제를 다루는 절대적 규범이다. 또한 대법원 및 주 고등법원 외에도 다른 많은 하급법원이 있다.

이 글은 인도법, 그 역사 및 발전과 절차법 및 실체법과 같은 법률 유형을 간략히 분석하고자 한다. 아울러 인도 법제도의 운용 방식을 간략히 설명하여 인도 법학의 진화와 입법부, 행정부 및 사법부를 통한 국가의 운영에 대한 독자의 이해를 도울 것이다.

## 2. 입법제도: 개관

인도에는 적정한 법률이 적용되고 적절한 절차를 따르도록 긴밀히 연관된 실체법과 절차법이 있다. 사건의 성격에 따라 적절한 관련법이 적용된다.

그러나 헌법은 연방[3]과 주[4]의 운영을 다루는 조항을 명시하고 연방과 주 정부들 간의 관계를 규정한다.[5]

인도 헌법은 시민의 권리[6]와 의무[7]도 다루고 있고, 연방 및 주 의회(입법부), 대통령

---

[2] 「인도 헌법」 제1조는 인도를 현재 28개 주 및 8개 연방직할지로 구성된 '주 연방(Union of States)'으로 규정한다.
[3] 「인도 헌법」(1950년) 제5편 참조
[4] 제6편 참조
[5] 제11편은 연방과 주 간의 관계를 규정한다.
[6] 제3편 제12조~제35조

및 주지사(행정부)와 대법원[8] 및 고등법원(사법부)[9]과 같은 다양한 통치기구를 정의하는 기본틀을 수립하고 있다. 아울러 구체적으로 결혼, 별거, 이혼, 상속 및 다른 종교나 카스트에 속하는 인도시민에 대한 양육비와 같은 가정사에 따라 다양한 대인 특별법에 적용되는 속인법이 있다.[10]

마찬가지로 대중에게 중요한 문제인 시민 간의 관계를 규제하는 사법 및 법령이 있다. 예를 들어 물권법인 「자산양도법」은 부동산 양도에 대한 법이다. 이와 유사하게 계약법 및 불법행위에 대한 법과 같은 「채권법」이 있다. 노동자 및 근로자 관련법, 기술 및 미디어 관련법, 대외투자 및 회사 관련법, 그리고 환경법과 같은 국제조약 및 협약에 맞춘 법률과 같은 특별법도 있다.

입법기관인 연방의회는 연방정부 입법사항(Union List)에 명시한 사항을 근거로 국가 전체 또는 인도 일부 지역에 대한 법률을 제정할 수 있다. 마찬가지로 주의 입법기관 역시 주 정부 입법사항(State List)에 명시한 내용에 따라 법률을 만든다. 공동 입법사항(Concurrent List)은 주와 연방 모두에 적용되기 때문에 1개 이상 주의 합의가 필요한 사항이다.

인도에는 다양한 사안을 관장하는 법령이 있다. 법률의 기능이 늘어나고 제정법 숫자가 증가하면 인도와 같은 민주국가에서는 헌법상의 통제가 더욱 활발해 진다. 그에 따라 기본법인 헌법과 관련한 법제도의 조화 및 진척이 예상된다. 다음에서는 인도의 주요 법률을 다루고 각 법에 대해 간략히 설명하겠다.

---

7) 제4-A편 제51-A조
8) 제124조~제147조
9) 제214조~제231조
10) 종교공동체마다 고유한 속인법이 있다. 예를 들면, 힌두교도 간의 결혼은 「힌두인결혼법」(1955), 기독교인의 경우에는 「기독교인 결혼법」(1872), 파시교도의 경우에는 「파시교도 결혼 및 이혼법」(1936)이 적용된다. 반면, 이슬람교도의 결혼은 종교 및 관습적 계율을 주로 따른다. 타 종교 간의 결혼에 적용된 세속법인 「특별결혼법」(1954)이 있다.

## 3. 인도의 법률

### 1) 인도 헌법

1949년 11월 26일 제헌의회에서 헌법이 채택되었고, 1950년 1월 26일 발효되었다. 국가의 최고법인 헌법은 인도 시민의 정의, 평등 및 자유를 보장하며, 인도를 독립된 사회민주공화국이라고 선언한다. 세계 독립국의 헌법 중 가장 긴 성문 헌법인 인도 헌법은 총 22편 395조 및 별표 12개로 구성된다. 수 차례 개정을 통해 추가 조항 및 편이 신설되었다.

기본권은 민주주의의 기본원리이고 무엇보다도 생존권, 자유권, 언론의 자유와 종교의 자유에 관한 기본권이 포함된다. 이 기본권은 헌법 제3편 제14조부터 제35조에 명시한 것과 같이 어떠한 경우에도 침범할 수 없는 권리이다. 이들 권리는 개인이 지적, 도덕적, 정신적 상태에 도달하는데 필수적이기 때문에 기본적이며, 평등권, 자유권, 착취 당하지 않을 권리, 생명 및 신체자유권, 종교의 자유, 문화 및 교육권과 헌법상의 구제권을 포함한다. 기본권이 언제나 절대적인 것은 아니며 공익보호를 위해 필요한 타당한 제약을 받는다. 또 다른 중요한 조항은 정부정책 지시지침(Directive Principles of State Policy)으로 헌법 제4편에 포함되어 있으며 법원에 의해 강제할 수 없는 선언적 조항이다. 이 조항은 복지국가를 보장하는 적절한 법률을 만들기 위한 지침이다. 헌법의 또 다른 관련 조항은 모든 시민이 인도의 국가 상징과 헌법에 대한 자긍심을 고양하고, 전통을 중시하고, 융합된 문화를 수호하며, 국방 수호를 지지하는데 필요한 기본적인 의무 조항들이다. 이 조항들은 모든 시민이 보편적 인류애의 용기를 지지하고, 환경 및 공공자산을 보호하며, 과학적 기질을 고양하고, 침략을 포기하며, 삶의 모든 영역에서 가치를 추구하도록 한다. 헌법에 따라 시민은 이러한 의무를 이행할 도의적 의무가 있다. 정부정책의 지시지침과 마찬가지로 이러한 의무도 위반 또는 불복종 시 공식적 제재가 없으며 법원에 의해 강제할 수 없는 선언적인 것이다.

헌법 제5편(제52조부터 제151조)은 연방정부에 대한 조항이다. 제5편 중 제52조에서

제73조는 인도의 대통령 및 부통령을, 제74조 및 제75조는 국무회의 및 총리를 다룬다. 제76조는 법무자문관에 대한 조항이다. 제77조는 인도정부의 모든 행정명령은 대통령 이름으로 취하도록 규정한다. 제78조는 대통령에 대한 정보제공과 관련된 총리의 의무를 명시한다. 제79조에서 제106조는 의회에 대한 조항으로 하원(*Lok Sabha*)과 상원(*Rajya Sabha*)의 구성; 선거구 획정; 의회의원 자격; 대통령의 상·하원 의회 소집권, 정회권 및 연설권; 의원 결격사유; 의회 및 의회의원의 권한과 특권 및 면책; 의원 급여 및 수당을 다룬다. 제107조에서 제122조는 의회의 입법절차를, 제123조는 대통령의 입법권한을, 제124조에서 제147조는 연방 사법부를, 제148조에서 제151조는 인도의 감사원장을 다루고 있다.

의회는 인도 대통령과 상원, 즉 국무회의인 *Rajya Sabha*와 하원인 *Lok Sabha*로 구성된 양원체를 통해 입법권을 행사한다. 하원은 집권당이 과반수의 지지를 잃었을 때만 즉시 해산될 수 있어 임시적인 의회인 반면, 상원의원은 6년 임기로 선출되지만 해산이 불가능한 영국적인 의회이다. 의회에서 선출되거나 취임 6개월 후에 선출되는 총리와 국무회의가 내각을 구성한다. 내각은 하원에 보고의 책임이 있다. 인도의 연방정부를 위한 입법과정에서는 법안이 상·하원 모두를 거치도록 되어있다. 이 절차는 상원 또는 하원에서 법안을 개봉하며 시작되는데, 법안은 장관이나 일반의원이 발의할 수 있다. 전자는 정부 발의 법안, 후자는 일반의원 발의 법안이라 한다. 법안이 발의된 이후에 해당 의회의 의장은 심의 및 보고서 작성을 위해 법안을 관련 상임위원회에 회부할 수 있다. 다음 단계로 법안은 독회를 거치고[11] 의회의 필요한 표결 수에 따라 채택되거나 기각된다. 법안의

---

11) 법안은 의회 상원 및 하원에서 각각 3차 독회를 거친다. 독회 단계는 다음과 같다. 1차 독회는 법안 발의로 시작된다. 상·하원에 법안 발의를 위한 허가신청이 채택된 이후 법안이 발의된다. 시행령 대체 법안, 무해한 성격의 법안과 재무법안을 제외하고 예외 없이 모든 법안은 부처 관련 의회의 상임위원회에 회부되어 3개월 안에 심사 및 보고서 작성을 마친다. 다음 단계, 즉 2차 독회는 상임위원회가 법안에 대한 보고서를 제출한 이후에 시작된다. 2차 독회는 2단계로 진행된다. 첫 단계는 (1) 법안 검토 (2) 상원(*Rajya Sabha*) 특별위원회에 회부 (3) 하원(*Lok Sabha*) 동의하에 상·하원 합동위원회에 회부 (4) 의견 수렴을 위한 회람 발의에 따라 법안의 원칙 및 조항을 협의한다. 두 번째 단계는 법안을 발의된 원안 그대로 또는 특별/합동위원회의 보고서에 따라 법안의 각 조항을 심의하는 것이다. 3차 독회는 법안 찬성 또는 반대 의견에 따라 법안(또는 수정된 법안)을 채택하거나 반려(재정법안(money bill)인 경우에는 하원에) 여부를 논하는 것이다. 법안이 양원 중 한 곳에서 채택되어 다른 의회로 송부되면 동일한 절차를 거친다. 그러나, 법안을 채택한 의회에 다시 발의되지는 않으며 다른 의회에 상정되어 그 의회에서 1차 독회가 시작된다.

성격에 따라 표결 요건이 다르다. 대통령이 동의하면 법안은 법령이 되어 인도 관보에 게재되고 대통령 동의일로부터 법령이 된다. 인도 의회 운영상 대통령은 명목상의 수반 또는 헌법상의 통치자이다. 대통령은 국가의 수장이나 실질적인 통치권은 없으며 총리가 연방 국무회의를 이끌고 실질적인 행정부이고, 대통령은 총리 및 동료 의원들의 권고에 따라 국가를 통치한다. 의회 법률은 인도 대법원의 사법심사를 받아야 하기 때문에 의회는 완벽한 자주권을 향유하지 못한다. 법안은 내용에 따라 분류할 수 있다.

다음은 의회에서 발의한 법안 목록이다.

- **재정법안(Money bill)**: 세금 부과 및 폐지, 국고(세금, 차관, 수익금, 수수료 등 징수한 모든 자금)의 자금 책정에 대한 조항을 독점적으로 다루는 법안은 재정법안으로 분류되고 이 법안은 하원에서만 발의할 수 있다.

- **재무법안**: 세입 또는 세출을 다루나 의장이 재정법안으로 분류하지 않은 법안은 재무법안이다. 재무법안은 대통령의 권고에 따라 하원에서만 발의할 수 있고 인도 상원과 하원 모두에서 단순 다수결로 채택되어야 한다.

- **개헌법안**: 이 유형의 법안은 대통령의 권고 없이 상원 또는 하원에 발의할 수 있다. 이 법안은 하원 및 상원 각각에서 재적의원 과반수의 찬성과 표결의원의 3분의 2(절대다수 이상이어야 함)의 찬성으로 채택되어야 한다.

- **일반법안 또는 비재정법안**: 재정법안, 재무법안 및 개헌법안을 제외한 법안은 일반 또는 비재정 법안이라고 한다. 상원 및 하원의 동의가 필요하다. 대통령의 권고 없이 상원이나 하원에서 발의할 수 있다. 양원에서 단순 다수결로 채택된다.

대통령은 행정부 수반이며 입법권을 갖는다. 대통령은 의회가 회기 중이 아닐 때 대통령령을 제정할 권한이 있다.

비상사태에 대한 규정도 있다. 헌법에 언급된 세 가지 비상사태는 국가적 비상사태, 주(州)내 헌법기관의 기능 중지, 그리고 재정적 비상사태이다. 헌법 제18편 제352조는 비상상태에 대해 다음과 같이 규정하고 있다.

"대통령이 인도 또는 인도 영토 일부의 안보를 위협하는, 전쟁, 외환 또는 무장 폭동 등의 심각한 비상사태가 존재한다고 판단할 경우, 대통령은 선포를 통해 해당 선포에 명시된 인도 전체 또는 인도 영토의 일부에 대하여 그 효력을 선언할 수 있다. 본 조에 따라 이루어진 모든 선포는 연방의회 양원에 각각 제출되어야 하며, 이전 선포를 철회하는 선포의 경우를 제외하고는, 1개월이 지나기 전에 연방의회 양원 모두의 결의로 승인되지 않는 한 1개월이 지나면 효력이 정지된다. 단, 해당 선포(이전 선포를 철회하는 선포가 아닌 한)가 하원이 해산된 시기에 발포될 경우, 또는 본 항에 언급된 1개월의 기간 동안 하원 해산이 발생할 경우, 그리고 해당 선포를 승인하는 결의가 상원에 의해 통과되었지만 해당 선포에 관한 어떠한 결의도 해당 기간이 만료되기 전에 하원에 의해 통과되지 않은 경우, 하원이 재구성된 후 첫 번째 회의 소집일로부터 30일의 기간이 만료되기 전에 해당 선포를 승인하는 결의가 또한 하원에서 통과되지 않는 한, 그 선포는 전언한 30일의 기간이 만료될 시 효력이 정지된다. 그렇게 승인된 선포는 철회되지 않는 한 제4항에 따라 그 선포를 승인하는 두 번째 결의가 통과된 날로부터 6개월이 지나면 효력이 정지된다. 단, 해당 선포의 시행 지속을 승인하는 결의가 연방의회 양원에 의해 통과될 경우, 해당 선포는 철회되지 않는 한 위와 같이 본래 효력이 정지되었어야 하는 날부터 추가로 6개월의 기간 동안 효력이 유지된다. 또한, 이러한 6개월의 기간 동안 하원 해산이 발생하고 해당 선포의 시행 지속을 승인하는 결의가 상원에 의해 통과되었지만 해당 선포의 시행 지속과 관련한 어떠한 결의도 전언한 기간 동안 하원에 의해 통과되지 않은 경우, 하원이 재구성된 후 첫 번째 회의가 소집된 날부터 30일의 기간이 만료되기 전에 해당 선포의 시행 지속을 승인하는 결의 역시 하원에서 통과되지 않는 한, 해당 선언은 전언한 30일의 기간이 만료될 시 효력이 정지된다."

비상사태가 선포되면 헌법 제19조에 규정된 언론과 표현의 자유, 결사의 자유 및 직업 선택의 자유권은 중지된다.

요약하면 인도 헌법은 그 성격은 연방적이나 그 정신은 통합적이다. 성문헌법, 헌법의 최상위성 및 견고성, 이원 정부, 권력의 분립, 양원제, 그리고 독립된 사법부와 같은 연방적 성격의 면면과 함께 단일 헌법, 단독 시민권, 통합된 사법부, 유연한 헌법, 강력한 중앙정부, 중앙정부의 주지사 임명, 인도 행정서비스(All-India Services) 등과 같은 단일

적 특징을 인도 헌법에서 볼 수 있다. 이 독특한 조합 덕분에 인도 헌법은 준 연방적 형태를 갖추었다.

### 2) 민법

#### (1) 민사소송법(1908)

『민사소송법』(1908)은 인도 민사소송의 행정에 대한 절차법이다. 민사소송법의 목적은 일반적인 자연적 정의(natural justice) 원칙에 따라 소송당사자들이 공정한 재판을 받도록 하는 것이다. 민사소송법은 크게 Section(조)과 Order의 두 부분으로 나뉜다. 주요 원칙은 Section에 규정되어 있고 각 Section이 규정하는 사안과 관련된 상세한 절차는 Order에 명시되어 있다. 인도에서 민사 법원의 위계는 다음과 같다.

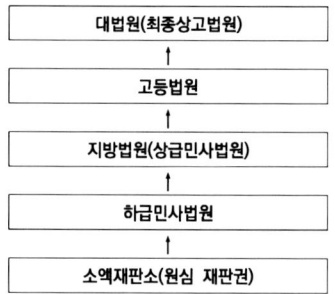

민사소송의 첫 단계는 관련 당사자, 즉 원고가 소송 또는 소장을 접수하는 것으로, 소장이 접수되면 법원이 소환장을 발부한다. 이에 대응해 상대방, 즉 피고는 답변서(반소 및 새로운 사실관계)를 제출한다. 다음 단계로 소송 당사자들이 출석하거나 불출석하고, 그에 따라 법원은 절차를 기록한다. 다음 단계는 검토 및 신문이다. 필요 시 변론을 수정할 수 있고 이후 쟁점사항을 특정한다. 다음은 심리 및 공판이고, 공판 종결 시 사건의 성격에 따라 판결 또는 결정을 선고한다. 이후 항소, 조회, 심리 및 수정이 가능한 집행절차가 있다.

분쟁 당사자 간 타협을 위해 법원이 중재, 화해, *lok adalat*(시민의 법원) 같은 사법적 해결, 또는 조정의 가능성을 인정하면 분쟁을 법원 밖에서 해결할 수도 있다. 이 방법은 1999년 개정을 통해 제89조(section)에 신설되었고 2002년에 발효되었다. 최종적으로 법원은 해결조건을 작성하여 분쟁 당사자들에게 통보하고, 당사자들의 의견을 접수한 후 해결조건을 조정할 수 있다.

### (2) 민사 성격의 다른 법령

#### ① 계약법

「인도 계약법」은 1875년 9월 1일에 발효되었고 자무 주와 캐시미르 주를 제외한 인도 전역에 적용된다. 흔히 '인도 상법'이라 불리는 이 법은 계약 체결 시 필요한 절차, 요건, 필수서류 및 계약위반 시 조치 등을 규정한다. 처음에는 물품 매매 및 파트너쉽에 대한 조항이 인도 계약법의 일부였으나 세월이 지나면서 물품 매매 및 파트너쉽을 별도의 법으로 규정할 필요가 대두되어 「물품매매법」은 1930년에, 「인도 파트너쉽법」은 1932년에 제정되었다.

#### ② 노동법

인도 노동법은 국제적으로 가장 포괄적인 법 중에 하나이다. 각 노동 분야를 다루는 별도의 법령들이 존재하고 그 목록은 다음과 같다: 「1948 근로자 주(州)보험법」, 「1952 근로자 준비기금법」(1952), 「1986 항만노동자(안전, 보건 및 복지)법」, 「1952 광산법」, 「1976 철광광산, 망간광산 및 크롬광산 노동자(근로조건) 복지법」, 「1976 철광광산, 망간광산 및 크롬광산 노동자복지기금법」, 「1946 운모광산 노동자복지기금법」, 「1976 비디(작은궐련) 노동자 복지(근로조건)법」, 「1972 석회석/백운석 광산 노동자복지기금법」, 「1981 영화노동자복지(근로조건)법」, 「1976 비디 노동자 복지기금법」 및 「1981 영화노동자 복지기금법」.

③ 물권법

인도에서 자산거래를 다루는 주요 법률은 『1882 자산양도법』이다. 이 법은 양도를 구성하는 요건과 그에 따른 조건 등을 규정한다. 자산에 관련된 다른 법령은 『1882 신탁법』, 『1963 특정구제책법』, 『1882 지역권법』, 『1908 등기법』, 『1899 인지세법』, 『2008 U.P 인지세법』, 『1963 공소시효법』, 『1897 약관법』, 『1893 토지분할법』, 『1909 Presidency-Towns 파산법』, 『1920 주별 파산법』, 『1993 은행 및 금융기관 채무회수법』, 『2002 금융자산 유동화 및 환수와 선취특권집행법』, 『1930 물품매매법』 및 『1881 유통증권법』 등이다.

④ 법인법

회사 관련법의 집행 및 규제에 대한 주요 법률은 『2013 회사법』[12]과 『2008 유한책임파트너쉽법』이다. 다른 관련 법령은 『2002 경쟁법』, 『1992 인도 증권거래위원회법』, 『1949 은행규제법』, 『1993 은행 및 금융기관 채무회수법』 과 『2002 자금세탁금지법』이 있다.

⑤ 지적재산법

인도의 지적 재산권법은 무역관련 지적 재산권에 관한 협정(Trade-Related Aspects of Intellectual Property Rights, TRIPS)을 엄격히 준수한다. 특허권, 저작권 및 상표권의 인수를 다루는 별도의 법령도 있다. 주요 법령은 『1970 특허법』, 『1957 저작권법』, 『2000 디자인법』, 『1999 상표법』, 『2000 반도체집적회로의 배치설계에 관한 법』, 『1999 물품의 지리적 표시(등록 및 보호)법』 등이 있다. 식품 신품종 보호를 위해 별도로 제정된 『2001 식품 품종 및 농부의 권리 보호법』도 있다. 『2002 생물다양성법』은 인도에서 생물 다양성을 보전하고 특허 취득을 위한 생물자원의 무단 사용을 금지하기 위한 인도 의회 법령이다.

---

12) 이 법은 이전 법인 1956년의 제정법을 대체함.

## 3) 형사법

### (1) 인도 형법

「인도 형법」은 인도의 주요 형사법이다. 형사법의 모든 실체적 측면을 다루는 종합적인 법률이다. 형법은 1834년에 처음 설치된 인도 법률위원회의 추천으로 1860년에 초안이 작성되어 영국령 인도에서 영국의 지배(British Raj)기간의 초기에 발효되었다.[13] 이 법의 목적은 인도의 일반적인 형법을 규정하는 것으로 23장 511조로 구성된다. 형법은 총칙으로 시작하며 다양한 범죄를 설명하고 예외사항도 규정하고 있다. 범죄는 성격과 영향에 따라 두 분류로 나뉜다. 첫 번째는 경찰이 영장 없이 체포 가능한 범죄(cognizable offence)[14]와 영장 없이 체포 불가인 범죄(non-cognizable offence)[15]이고 두 번째는 보석 가능 범죄[16]와 보석 불가 범죄이다.[17]

### (2) 1973 형사소송법

「형사소송법」은 인도에서 실질적인 형사법 집행을 위한 절차에 대한 주요 법령이다. 범죄수사, 범죄 용의자 체포, 증거확보, 피의자의 유·무죄 결정과 유죄 시 처벌 결정에 대한 근거를 제공한다. 아울러 공해(公害), 범죄예방과 아내, 자녀 및 부모 생활비를 다룬다. 「형사소송법」은 총 37장, 484조, 별표 2개와 서식56개로 구성된다. 「형사소송법」의

---

13) 2018년에 마지막으로 개정되었다. 형법 개정을 통해 「1872 인도증거법」, 「1973 형사소송법」 및 「2012 아동 성범죄 보호법」이 적절히 수정되었다. 다른 주목할 점은 인도사법협회(*Criminal Justice Society of India*) 대 인도연방(*Union of India*), W.P. (C) No. 1262/2018 소송에서 대법원 명령의 여파로 현재의 강간법에 성 중립성을 도입하기 위해 2019년 형법(개정) 법안이 제출되었다 (인도법률위원회가 172회차 보고서에서 이미 권고한 사항임).

14) 「1973 형사소송법」 제2(c)조에서 정의 내리고 있는 "cognizable offence"는 별표1에 따라 법원이 발부하는 영장 없이 경찰관이 체포 할 수 있는 범죄를 포함한다.

15) 영장 없이 체포불가인 경우, 경찰은 영장으로 정식 인가를 받은 후에만 체포 할 수 있다. 영장 없이 체포 불가인 범죄(non-cognizable offence)는 보통 영장 없이 체포 가능한 범죄(cognizable offence)보다 그 심각성이 비교적 덜하다. 형법 제2(l)조 참조.

16) 「형사소송법」제2(a)조에 따르면 보석 가능 범죄란 별표 1에 보석가능으로 명시한 범죄와 일정기간 시행 중인 다른 법률에 따라 보석 가능한 범죄를 말한다.

17) 보석 할 수 없는 범죄는 보석 불가 범죄이다.

집행을 담당하는 주요 공무원은 치안판사, 대법원 및 고등법원 판사, 경찰, 검사, 피고측 변호인과 교정시설 직원들이다.

### (3) 증거법

증거법은 사실의존부와 관련해 법원이 결론을 도출할 수 있게 하는 기본적인 법이다. 법원은 제출된 증거를 토대로만 사건을 판결 할 수 있다. 그러므로 모든 사건에 합법성을 부여하는데 증거법칙이 필요하고 법원은 「1872 인도 증거법」의 규정을 따라야 한다. 법원이 당사자 간의 논쟁점을 규명하거나 반박할 수 있도록 법원에 증거가 제출되어야 한다. 증거법은 절차법으로 소송절차에서 사건을 뒷받침할 증거 제출 규칙과 사실증명의 기본적인 원칙, 증거 유형, 증거의 질과 양을 다룬다. 증거법에 따르면 '사실'은 관련 있는 사실과 무관한 사실 두 종류로 구분된다.

아울러 증거법에서 입증책임 개념도 똑같이 중요하다. 인도는 변론주의를 따르기 때문에 권리 또는 책임에 대한 판결을 내리려면 법원은 일정 사실에 의존하게 되고 소송 당사자는 그 사실의 존재를 증명하여야 한다. 이를 입증책임이라고 한다.

증거는 1차 증거와 2차 증거로 분류할 수 있다. 1차 증거는 심리에 이용할 수 있는 정확한 문서로서 증거능력이 있다. 2차 증거는 1차 증거와는 달리 법원이 1차 증거가 분실되었거나 손상되었다고 확신한 경우를 제외하고는 증거능력이 없다.

## 4. 신세대 법률

신세대 법률은 초국가적인 영향이 있는 법률을 준수할 필요성과 함께 세계화, 교육의 증가 및 국제법에 대응하여 최근에 제정된 법률들이다.

### 1) 2000 정보기술법

『2000 인도 정보기술법』은 유엔 국제상거래법위원회(UNCITRAL) 국제상사중재모델법(Model Law on Electronic Commerce)[18]으로 인해 입안에 이르게 되었다. 이 법은 전자상거래, 디지털서명 또는 전자서명을 정의하고 전자상거래에 대해 설명한다. 이 법의 핵심은 사이버범죄에 대한 벌칙, 보상 및 판결조항을 신설한 것이다.[19]

### 2) 1996 중재 및 화해법

이 법은 중재를 사업 분쟁 해결의 이상적인 방안으로 만들고 인도를 국제상업중재의 중심지로 조성하려는 목적으로 채택되었다.[20]

### 3) 환경법

『환경보호법』은 환경을 보전하고 개발할 목적으로 1986년 통과되었다. 이 법 제3(3)조는 연방정부에 관련 기관을 수립하도록 하여 각 방면에서 환경오염을 방지하고 환경 위해를 처리하도록 한다. 『1974 수질오염방지법』, 『1981 대기오염방지법』, 『1972 야생동물보호법』 및 『1980 산림보호법』과 같은 환경보호를 위한 별도의 법률도 있다.

### 4) 1986 소비자보호법

『1986 소비자보호법』은 소비자의 권리를 보장할 목적으로 제정되었다. 또한 이 법은 공정 거래 및 마케팅을 정착시키고 상거래에서 허위 정보로 피해를 본 소비자를 위한 보상방법을 규정한다. 최근 들어 디지털 시대에 복잡한 소비자 문제를 다루고 소비자

---

18) 유엔 국제상거래법위원회의 국제상사중재모델법은 유엔 국제상거래법위원회가 제정하여 1985년 6월 21일에 채택하였다.
19) 이 법의 공포 목적을 달성하기 위해 무수히 많은 규칙이 제정되었다.
20) 이법은 최근 2019년에 개정되었다.

분쟁을 해결할 더욱 효과적인 방법을 확보하기 위해 기존 법은 폐지되고 「2019 소비자보호법」로 대체되었다.

### 5) 2002 경쟁법

「2002 경쟁법」은 경쟁에 악영향을 주는 부당한 관례를 근절하기 위해 입안되었다. 이 법을 통해 반경쟁적 협정, 시장지배적지위 남용 및 비정상적 결합을 판결하고 처벌을 결정하도록 인도 경쟁위원회(Competition Commission of India) 및 경쟁 항고재판소(Competition Appellate Tribunal)가 설치되었다. 이 법은 시장에서 경쟁을 촉진, 지지하고 경제적 효율을 높이고자 한다. 이 법은 「1969 독점 및 제한적 거래행위법」을 폐지한다.

### 6) 재난관리법

인도는 "효과적인 재난관리"를 규정하기 위하여 2005년 「재난관리법」을 공포하였다. 이 법은 근본적인 목표를 달성하기 위해 3단계의 구조적 메커니즘을 명시하였다. 이 법은 국가적 수준에서 최상위 기관인 국가 재난관리청(National Disaster Management Authority (NDMA), 총리가 청장)을, 주 수준에는 주 재난관리청(주지사가 청장)을, 지방에는 지방 재난관리청을 설치한다. 이 법 제51조부터 제60조는 범죄 및 각 범죄에 대한 벌칙을 규정한다.[21]

### 7) 2016 파산법

근본적으로 경제법인 파산법은 부채 상환 능력이 없는 개인 및 회사에 적용된다. 이 법은 인도에서 파산 해결체계의 개념을 재정립하고 파산 해결을 위한 통합적이고 시간 제약이 있는 방법을 규정한다. 이 법은 이전까지 다수의 관계당국이 집행해 온 다양한

---

21) 이 법은 COVID-19 유행에 대처하기 위해 봉쇄령을 내리고 이동을 제한하는데 광범위하게 사용되었다.

법률의 적용으로 인해 초래된 불확실성 및 지연을 최소화하여 법인 채무자의 자산가치가 크게 감소하지 않고 모든 주주의 이해관계가 균형을 이루도록 한다.[22]

### 8) 2016 부동산(규제 및 개발)법

이 법은 "부동산 분야를 규제 및 진흥"하기 위해 부동산 규제청(Real Estate Regulatory Authority)을 설립한다. 이 법은 투자자의 이익을 보호하기 위해 대지, 건물, 아파트 등의 매도 시 투명성 및 효율성을 보장한다. 아울러 부동산 규제청의 결정·지시·명령에 대한 항소를 판결하도록 신속한 분쟁 해결을 위해 항소청과 같은 독립적인 재결기구를 설립한다.

### 9) 2017 통합간접세법

『인도 통합간접세법』은 『중앙 통합간접세법』(2017), 『주 통합간접세법』(2017), 『연방 직할지 통합간접세법』(2017), 『통합간접세법』(2017)과 『간접세(주에 대한 보상)법』(2017)으로 구성되고 규칙, 통지, 회람 및 이후 개정을 포함한다. 간접세에 대한 법적 제도인 『통합간접세법』은 물품 및 용역 공급 시 세금 부과 및 징수를 규정하며, 물품세, 부가가치세 및 서비스세 등과 같이 기존에 부과되던 다양한 세금을 대체한다. 통합간접세는 생산부터 소비자에게 이르는 최종 판매까지 판매 및 소비의 각 단계마다 부과되는 다단계 과세와 비슷하다.

### 10) 2018 도주 경제사범법

이 법은 "도주 경제사범"을 정의하고 경제범죄를 저지르고 공소를 피하기 위해 고의적으로 인도 법원의 관할 밖에 거주하는 경제사범이 인도의 법적 절차를 피하지 못하도록 적절한 조치를 규정하여 법치주의의 신성함을 지키고자 한다. 이 법에 따라 지정된 기관은 범죄용의자의 자산을 가압류 할 수 있다.

---

22) 이 법은 적절하게 개정되어 왔음. 『파산법(개정 2019)』 참조

## 5. 공익소송

　구체적인 법적 구제책이 없다고 해서 피해자가 법원에 호소할 기회를 박탈해서는 안 된다. 공익소송은 인도 법원이 미국 모델을 따라 '당사자 적격(locus standi)' 개념을 완화한 제도이다. 직접 피해 여부에 상관없이 누구든지 진정한 공익을 위해서는 공익소송을 제기할 수 있다. 공익적 요소가 충분치 못할 경우 그 소송은 악의소송(malafide)으로 간주된다. 대법원 및 고등법원은 헌법 제 32조 및 제 226조에 따라 공익소송을 심리할 재판권을 갖고 있다. 1976년 *Mumbai Kamgar Sabha* 대 *M/s Abdulbhai Faizullabhai* 및 다수소송[23]에서 Krishna Iyer 판사가 판결문을 선고하면서 공익소송의 씨앗을 뿌렸다. 1979년에 *Hussainara Khatoon* 대 비하르주(*State of Bihar*) 소송[24]이 실질적인 첫 공익소송으로 알려졌다. 이후, 공익소송은 대중의 이익을 보호하는 가장 중요한 장치로 진화하며 의미 있는 사회적 변화를 만들고 재판의 민주적인 이용 가능성을 높였다.[25]

　1980년에 민주적 인권을 위한 시민연합(*Peoples Union for Democratic Rights*) 대 인도연방(*Union of India*) 소송[26]에서 법원은 "사회적 또는 경제적으로 취약하여 법원에 구제를 요청할 수 없는 사람이나 사람들의 헌법 및 법적 권리를 실현하기 위하여 공공심이 있는 시민이 요청하는 경우에" 공익소송을 허용할 수 있다고 말했다. *M.C Mehta* 대 인도연방(*Union of India*) 소송[27]은 역사에 남을 소송으로, 갠지스(Ganga)강의 추가 오염을 예방하기 위한 공익소송에서 법원은 "청원인은 하천부지 소유자는 아니나 갠지스 강물을 이용하는 사람들의 삶을 보호하는데 열성적이기에 법원에 법조항의 집행을 신청할 권리가 있다"고 판결했다.

　인도에서 공익소송은 모든 사람들의 헌법상의 권리 또는 기본권을 집행하고, 사회에서

---

23) 1976 (3) SCC 832
24) AIR 1979 SC 1369. 법원은 "신속한 재판을 받을 권리"를 「인도 헌법」 제21조의 묵시적 기본권으로 인정했다.
25) Bhagwati 판사는 공익소송 현상을 강화시킨 공로가 있다.
26) AIR 1982 S C 1473
27) (1988) 1 SCC 471

억압받는 계층의 고충을 시정하며, 무엇보다도 다수의 환경 관련 사건에 이용되고 있다. 예를 들면, *Sheela Barse* 대 마하라시트라 주(*State of Maharashtra*) 소송[28])에서 법원은 여성 재소자를 분리된 유치장에 구금하게 하여 수감시설에서 여성에 대한 폭력을 시정하였다. 그러나 발코노동자조합(*Balco Employee's Union*) 대 인도연방(*Union of India*) 소송[29])에서 명확히 언급한 것처럼 공익소송을 통해 정부의 정책결정에 사법부를 끌어들이기 위해 법원을 이용할 수 없다. 법원에 따르면 공익소송은 모든 부정에 대한 해결책이 아니다. 법원은 행정부와 사법부 간의 충돌을 피하기 위하여 두 부(部)의 영역을 구분하였다. 공적소송은 정부가 행정권을 행사하면서 취하는 재정 또는 경제적 결정에 대해 이의를 제기하기 위한 무기로 사용 되어서는 안 된다. 자산 정리 결정 등은 행정부의 영역이다. 바로 이것이 공익소송의 한계 중 하나이며, 이러한 한계는 법치주의의 유지와 삼권분립 원칙의 준수를 위해 필요하다.

## 6. 인도의 행정심판

인도의 행정법은 부분적으로 판사가 만들었다 해도 틀린 말은 아니다. 인도에는 행정소송법이나 행정법의 적용범위를 구체적으로 다루는 법령이 없다. 그러나 『1976 헌법』은 인도에 행정심판소를 설치하기 위해 42차 개정으로 제323A조와 323B조를 신설했다. 제323A조에 따라 행정심판소는 인도 영토 안에서 연방, 주 또는 지방의 공무직 및 관직 채용과 근무조건과 관련된 분쟁을 판결할 수 있다. 제323B조는 산업 및 노동분쟁과 토지개혁 관련 사안에 대한 재판소를 설치하도록 주 입법처에 권한을 부여하고 있다. 인도는 공무원 채용 및 근무조건과 관련된 분쟁 및 고소에 대한 판결 또는 심리에 대해 규정하기 위해 『1985 행정심판소법』을 제정했다. 고등법원은 각 관할권 내의 심판소에 대해 감독권한을 행사한다. 심판소의 결정은 고등법원이나 대법원에 항소할 수 있다. 각 심판소는

---

28) 1983 AIR 378
29) 90(2001) DLT 789

자체 절차 및 규칙을 채택하고 자연적 정의 원칙을 준수하여야 한다. 인도에는 지적재산심판소, 저작권위원회 및 국가환경심판소와 같은 여러 심판소가 있다.

## 7. 인도 법률 및 판결문 정보 사이트

인도 의회는 매년 평균 60개의 법안을 채택한다. 의회 의원은 다양한 분야에 대한 법률을 만들고 복잡한 정책 문제를 다룬다. 중앙정부를 위해 주요 법령의 입안을 담당하는 부처는 법무부이다. 법무부는 입법처와 법무처로 구성된다.

주에서 채택하는 법률은 찾기가 쉽지 않다. 여러 주들이 서서히 웹사이트를 준비 중이며 완료할 때까지는 몇 년이 소요될 것이다. 현재 주 정부 법률은 인도 국내의 서점에서 구할 수 있다.

이제 인도 법령과 인도 판결문으로 구분하여 설명하겠다.

### 1) 인도 법령

(1) http://www.prsindia.org/

PRS 법령연구원(PRS Legislative Research)은 인도의 입법과정을 정보에 입각하여 더욱 투명하며 참여 가능한 과정으로 만들 목적으로 2005년 9월에 설립된 자치 연구기관이다. 인도 뉴델리에 소재하고 있는 PRS의 웹사이트는 매일 업데이트되며 의회 활동 및 입법뉴스를 종합적으로 제공한다. PRS는 Laws of India 웹사이트를 구상하여 개발했다. 이 웹사이트는 전국 대부분 주들의 법률 4,000건을 서비스하는 온라인 데이터베이스이며 무료로 이용할 수 있다.

(2) http://lawmin.nic.in/ld/P-ACT/pact_upd2000-2014.htm

India Code는 1836년 이후의 연방 의회의 모든 법령을 서비스하는 인도 법률정보 시스템이다. 각 법령에는 약칭, 제정일, 조, 별표 및 각주가 포함되어 있다.

(3) http://www.liiofindia.org/databases.html

인도법률정보원(Legal Information Institute, LII)은 인도 판례법(1950년부터 현재까지 대법원 판결문 포함), 법령(1856년부터 현재까지), 조약(1947년부터 현재까지), 법률개혁위원회 보고서와 법률저널 기사를 무료로 서비스하며 판례기록 기능도 있다. 인도법률정보원은 2010년 11월 25일 일반인 열람을 시작했고, 2011년 3월 공식적으로 서비스를 시작했다. 4개 로스쿨(NALSAR 법학대학(하이데라바드 소재), 국립인도대학 로스쿨(뱅갈루루 소재), 국립법학대학(델리 소재), 인도공과대학 라지브 간디 지적재산권법률학과(카라그푸르 소재))와 호주의 호주법률정보원(AUSTLII, Australasian Legal Information Institute)이 공동으로 구축했다.

## 2) 인도의 판결문

(1) www.judis.nic.in

판결문 정보시스템 웹사이트는 인도 대법원과 여러 고등법원의 판결문에 대한 정보를 제공한다.

(2) http://www.scconline.com/

이 웹사이트는 출판사인 Eastern Book Company의 소유이다. Eastern Book Company는 대법원 판결문의 집성본을 인쇄물과 온라인버전으로 제공한다.

이외에 All India Reporter(AIR) 및 Supreme Court Reporter(SCR)도 대법원과 고등법원 결정문 일체를 제공하나 온라인으로 이용할 수는 없다.

## 8. 나가며

　여러 다양한 주제에 대한 인도 연방 및 주정부 법령을 모두 언급하는 것은 매우 힘든 작업일 것이다. 이 간략한 글에 인도 법제도를 구성하는 주요 법률과 그 법률을 찾아볼 수 있는 웹사이트를 소개하였다. 입법과정에서 의회의원들과 법 집행과정에서 판사들은 헌법의 형식과 정신을 수호하여야 하고, 모든 법률과 그 해석은 헌법 원칙을 따라야 한다. 그러지 않은 경우 누구든지 법률 또는 행정규칙의 타당성에 대한 이의를 제기할 수 있다. 법률이 헌법의 권한을 넘어서는 경우, 법원은 그 법률을 무효화할 의무가 있다. 따라서 살아 있는 역동적인 법률인 헌법은 세계 최대 민주국가인 인도의 모든 행정, 입법 및 사법에 있어 유도등의 역할을 하고 있다.

# 인도네시아 법률제도 개관

Andy Omara

# 인도네시아 법률제도 개관

Andy Omara*

## 1. 들어가며

이 글은 인도네시아 법률제도를 일부 선별하여 소개하고 인도네시아 법제에 관한 중요한 정보를 제공하는 것을 목적으로 한다. 인도네시아 법률제도를 연구하는 것은 특히 인도네시아인이 아닌 경우 어려운 도전일 수 있다. 인도네시아의 법률제도는 독특하게도 서로 다른 여러 가지 법적 전통과 제도에 뿌리를 두고 있으며 대부분의 법률 문서가 인도네시아의 공식 언어인 바하사 인도네시아(Bahasa Indonesia)어로 작성되어 있기 때문이다. 바하사 인도네시아어로 읽고 쓰지 않는 사람들에게 있어 언어라는 측면은 또 다른 제약이 되고 있다. 이 글을 통해 인도네시아의 법률제도와 입법 과정을 이해하고 친숙해지도록 돕고자 한다.

이 글의 구성은 다음과 같다: 제1장에서는 인도네시아 법률제도에 대한 전반적인 개요와 입법부와 행정부 내에서 인도네시아 법이 제정되는 과정을 설명하고, 이어서 인도네시아 헌법부터 자치법규에 이르기까지 다양한 형태의 법에 대해 논한다. 다음 장에서는 헌법, 민법, 행정법, 상법, 민사소송법, 형사소송법 등 기본법과 법규에 대해 설명할 것이다. 이 글 마지막에서는 인터넷 웹사이트에서 인도네시아 법령의 출처를 찾는 방법에 대해 간략한 설명을 하며 끝을 맺고자 한다.

---

* 인도네시아 가자 마다 대학교(Gadjah Mada University) 법학과 교수. 이 글은 2016년 발간된 Legal Systems of Asia: A Short Guide 에 실린 Introduction to Indonesian Law를 최신 개정 및 변화 등을 반영하여 국내 독자들을 위해 국문으로 번역, 편집한 것임을 알림.

## 2. 인도네시아의 법률제도: 개요

인도네시아의 법률제도는 다소 복잡하다.[1] 특정한 하나의 법률체계에 영향을 받은 일부 국가들과는 달리 인도네시아는 네덜란드법, 아다트법(adat law), 이슬람법, 국제법 등 네 가지 다른 법률체계의 영향을 받았다고 할 수 있다.

인도네시아의 법률제도는 약 350년 이상 네덜란드의 식민지배를 받은 결과 네덜란드 법률제도의 영향을 크게 받았다. 1945년 인도네시아 독립 이후 인도네시아가 채택한 네덜란드식 형법, 민법, 그리고 상법은 이러한 식민지 시대의 유산으로 볼 수 있다. 인도네시아 정부가 입안한 일부 특정 법률에서는 아다트법, 국제법 등 다른 법률체계의 영향을 찾아볼 수 있다.

예를 들어 「1960년 농업법」은 아다트법[2]의 '수평적 분리(*pemisahan horizontal*)' 원칙의 영향을 받았으며, 「1974년 혼인에 관한 법률」[3]에서는 종교법, 즉 이슬람법의 영향을 볼 수 있다. 국제법의 영향력은 정부가 인권[4]과 상업[5]에 관해 제정한 법률과 국제규범[6]

---

1) 인도네시아의 법체계는 민법, 이슬람법, 전통법의 영향을 받는다. 민법은 네덜란드의 법 체계를 계승한다. 이슬람 율법은 이혼, 후견인, 상속 사건을 주로 다루며 이슬람교도에게 적용된다. 이슬람 율법은 또한 아체 지역에 적용된다. 전통법은 가정법과 농업법 일부에서 볼 수 있다.
2) 「1960년 제5호 농업법」
3) 「1974년 제1호 혼인에 관한 법률」 혼인은 종교적 가르침이나 신앙에 따라 행해진 경우 인정된다.
4) 「1999년 제39호 인권에 관한 법률」은 인권에 관한 보편적 선언 및 기타 인권에 관한 국제규범을 반영하고 있다.
5) 「2009년 제6호 인도네시아 은행(Bank Indonesia)에 관한 법률」. 「2009년 인도네시아 은행(Bank Indonesia)에 관한 법률」 제6호의 2차 개정은 세계경제 위기가 인도네시아 경제에 미친 영향을 반영하고 있다.
6) 인도네시아는 많은 국제규범을 비준하였다. 그 가운데에는 고문 및 잔혹하고 비인도적인 굴욕적 대우나 처벌의 방지에 관한 협약(Convention against Torture and Other Cruel Inhuman or Degrading Treatment or Punishment), 시민적 및 정치적 권리에 관한 국제규약(Covenant on Civil and Political Rights), 여성에 대한 모든 형태의 차별철폐에 관한 협약(Convention on the Elimination of All Forms of Discrimination against Women), 모든 형태의 인종차별 철폐에 관한 국제협약(International Convention on the Elimination of All Forms of Racial Discrimination), 경제적·사회적 및 문화적 권리에 관한 국제규약(International Covenant on Economic, Social and Cultural Rights), 모든 이주 노동자와 그 가족의 권리보호에 관한 국제협약(International Convention on the Protection of the Rights of All Migrant Workers and Members of their Families), 장애인의 권리에 관한 협약(Convention on the

을 비준한 사실에서 찾아볼 수 있다.

인도네시아의 법률체계는 흔히 영미법이 아닌 대륙법 체계에 속하는 것으로 간주된다. 인도네시아는 문서화된 법률과 법규에 크게 의존하고 있기 때문에 이러한 주장은 대체로 사실이다. 그러나 인도네시아도 아다트법이라는 불문법의 존재를 인정하고 있다.

따라서 인도네시아는 불문법을 인정하지만 성문화된 법률과 법규가 일차적인 법원(法源)이라고 말할 수 있다. 헌법상 인도네시아는 대통령제를 가진 단일 국가이다. 헌법은 단일 국가제를 채택하면서 지역자치를 통해 지방에 상당한 권한을 부여하고 있다.[7] 따라서 인도네시아는 분권화된 단일 국가로도 간주된다. 인도네시아는 국민대표의회(DPR)가 하원을, 지역대표의회(DPD)가 상원을 맡는 양원제를 채택했다. 인도네시아의 사법부는 대법원(MA)과 그 밑의 하위법원들, 그리고 신설된 중앙집권형 독립기관인 헌법재판소(MK)로 구성된다.[8]

---

Rights of Persons with Disabilities), 아동의 권리에 관한 협약(Convention on the Rights of the Child)과 무력분쟁에 대한 아동의 개입 및 아동매매·아동성매매·아동음란물에 대한 아동의 권리에 관한 협약 부가의정서(Optional Protocols)등이 있다. 그 결과 이러한 국제협약들은 인도네시아 국가 법률의 일부를 이루고 있다.

7) 이 글을 집필하는 시점에 인도네시아는 DKI Jakarta(자카르타 특별 지역), DI Yogyakarta(욕자카르타 특별 지역), DI Aceh(아체 특별 지역), Daerah Otonomi Khusus Papua(파푸아 특별 지역)의 4개 특별 지역을 포함한 34개 지역으로 구성되어 있다. 이 4개 지역은 독특한 성격을 지니고 있다. 인도네시아의 수도인 자카르타는 특유의 지방행정 구조를 가지고 있다. 욕자카르타는 독특한 정부·문화 구조를 갖고 있으며, 인도네시아에서 유일하게 주지사이자 문화지도자의 역할을 하는 술탄(왕)이 있는 지역이다. 아체는 오랜 역사를 지닌 곳으로 아체인들은 과거 인도네시아의 독립 투쟁에서 중요한 역할을 했다. 또한 아체의 인구구성을 보면 이슬람교도가 대다수를 차지하고 있다. 아체의 중앙 정부는 대다수 아체인들의 바램에 따라 이슬람법을 적용하고 있다. 파푸아 특별행정이 시행된 이유는 이 지역이 천연자원이 풍부하지만 낙후되어 있고 인권과 안보 문제를 안고 있는 지역 중 한 곳이기 때문이다. 경제, 인권, 안보 문제는 파푸아에 대한 특별 지역 지위를 부여하는 중요한 문제가 되었다.

8) 헌법재판소는 2003년에 설립되었다. 인도네시아는 단 하나의 헌법재판소를 두고 있다. 헌법재판소는 사법심사, 총선 관련 분쟁 해결, 국가기관 간의 권한쟁의 심판, 정당해산, 탄핵 과정에서 법적 의견 제시의 5가지 권한을 갖는다. 헌법재판소의 판결은 최종적이며, 헌법재판소의 결정에 법적으로 항소할 수 있는 길은 존재하지 않는다.

## 3. 법률제도

### 1) 개요

인도네시아의 성문법률 및 법규의 종류는 인도네시아의 1945년 헌법에 명시되어 있으며 법률에 상세히 기술되어 있다. 헌법에서는 헌법, 법률 및 법령, 그리고 법률을 대체하는 정부령, 정부령, 대통령령, 그리고 자치법규 등 일부 성문법률 및 법규의 종류를 규정하고 있다.

법률 및 법규의 종류는 2011년 제12호 입법에 관한 법률(법률 12/2011)에서 한층 확대 규정되고 있다. 이 법은 포괄적이며 법률과 법규의 여러 측면을 다루고 있다. 법률의 종류를 세분화하고 상하위법의 순서를 두어 설명하고 있을 뿐만 아니라, 법률과 법규의 내용도 종류별로 규정하고 있다. 이 법은 또한 법률과 법규를 제정하기 위한 절차를 명시하고 있다.

법체계는 국가 및 지방자치의 두 차원으로 나눌 수 있다. 예를 들어 국가 차원에서는 5가지 종류의 법령이 있는데, 여기에는 1945년 헌법(*Undang-Undang Dasar Negara Republic Indonesia Tahun 1945*), 국민평의회령(*Ketetapan MPR*), 법령(*Undang-Undang*), 법률을 대체하는 정부령(*Peraturan Pemerintah Sebagai Pengganti Undang-Undang*), 정부령(*Peraturan Pemerintah*), 그리고 대통령령(*Peraturan Presiden*)이 포함된다. 지방자치 차원에서는 주(州)자치법규(*Peraturan Daerah Propinsi*), 주지사 법규(*Peraturan Gubernur*), *Kabupatens*, 즉 군·시 자치법규(*Peraturan Daerah kabupaten/Kota*), Bupati, 즉 시장(mayor) 법규(*Peraturan Bupati/Walikota*)가 있다. 국가법령이 지방자치 법규보다 상위법이다.

법률 및 법규가 상위법이나 헌법과 일관성을 갖도록 하기 위해서 사법부가 법률과 법규를 검토할 수 있다. 사법심사를 할 수 있는 사법기관은 대법원(MA)과 헌법재판소(MK) 두 곳이다. 대법원은 다른 법률에 위배되는 법률과 법규에 대한 사법적 검토를 수행할 권한을 가지고 있다. 헌법재판소는 헌법에 위배되는 법률에 대한 사법적 검토를 수행할 권한을 가지고 있다.

## 2) 법의 종류

이론적으로 인도네시아의 법체계는 한스 켈센(Hans Kelsen) 법해석이론(*Stufentheorie*)으로 설명할 수 있다. 이 이론은 법적 규범이 단계(tier) 구조로 되어 있고 본질적으로 계층적임을 시사한다. 하위 규범은 최상위 규범(기본 규범)에 이를 때까지 상위 규범에 근거한다. 판차실라(*Pancasila*)[9] 즉, 국가의 정치 이념은 모든 종류의 법의 원천이다. 다시 말해 판차실라는 헌법을 비롯한 모든 법의 근원이 된다는 뜻이다. 따라서 모든 법은 판차실라에 내재된 가치와 일치해야 한다. 인도네시아 법의 서열은 다음과 같다.[10]

1. 1945년 헌법(*Undang-Undang Dasar Negara Republik Indonesia Tahun 1945-UUD 1945*)
2. 국민평의회령(*Ketetapan Majelis Permusyawaratan Rakyat-Tap MPR*)
3. 법률 또는 법률을 대체하는 정부령(*Undang-Undang/Peraturan Pemerintah Pengganti Undang-Undang-UU/Perpu*)
4. 정부령(*Peraturan Pemerintah-PP*)
5. 대통령령(*Peraturan Presiden-Perpres*)
6. 주(州)자치법규(*Peraturan Daerah Provinsi-Perda Propinsi*)
7. Kabupaten, 즉 군·시 자치법규(*Peraturan Daerah Kabupaten/Kota-Perda Kabupaten/Kota*)

---

9) '판차실라'란 다음의 다섯 가지 계율을 말한다: (1) 하나뿐인 유일한 신에 대한 믿음, (2) 정의롭고 문명화된 인본주의, (3) 인도네시아의 통합, (4) 대표들 간의 논의를 통해 만장일치로 내적 지혜에 따라 실현되는 민주주의, (5) 인도네시아 국민 전체를 위한 사회 정의. 판차실라는 「1945년 헌법」의 전문에 명시되어 있다.

10) 「2011년 제12호 입법에 관한 법률」 제7(1)조. 2011년 법률 제12호는 2019년 법률 제15호에 의해 개정되었다. 이 신설 법률에는 *Prolegnas*(국가입법프로그램) 기간이 끝나기 직전까지 논의되었지만 아직 완료되지 않은 법안이 있을 경우 이 법안들을 다음 단계에서 이어서 한다는 조항이 삽입되었다. 이는 이러한 법안이 *Prolegnas* 기간이 새롭게 시작될 때 첫 단계로 되돌아 와서는 안 된다는 것을 의미한다.

### (1) 헌법

재제정된 후 개정된 1945년 헌법은 인도네시아의 최고 규범이다. 최고 규범으로서 헌법은 입법자들이 법률과 법규를 입안할 때 참고하는 기준이 된다. 법률과 법규의 조항은 헌법에 부합하여야 하며 일치해야 한다. 인도네시아는 1945년에 독립을 선언한 이후 4차례 다른 헌법을 채택하였다. 1945년 헌법(1945~1949), 1949년 임시헌법(1949~1950), 1950년 연방헌법(1950~1959), 1945년 헌법(1959~1999), 그리고 새롭게 개정된 헌법(1999~현재)이다. 새롭게 개정 헌법은 1999년부터 2002년까지 이루어진 4차례 헌법 개정의 산물이다. 인도네시아 국민평의회는 헌법의 제·개정 권한을 가진 유일한 기관이다.

### (2) 국민평의회령(Tap MPR)

국민평의회령(Tap MPR)은 국민대표의회(DPR, 하원) 의원과 지역대표의회(DPD, 상원) 의원으로 구성된 국가기관인 국민평의회(MPR, 의회)에서 수립한다. 1999년부터 2002년까지의 최근 헌법 개정 이전에 국민평의회는 인도네시아의 최고 정치 기관으로 여겨졌다. 일반적으로 국민평의회령은 사회에서 발생하지만 헌법에는 구체적으로 명시되어 있지 않은 중요한 사안들과 상황들을 규정한다. 예를 들어 「부패, 공모, 족벌주의의 척결에 관한 국민평의회령」은 수하르토의 신질서 정권(New Order regime)이 붕괴된 이후인 1999년에 제정되었다. 그러나 개정된 헌법에서 국가기관의 계급순위의 변화에 따라 국민평의회는 국민평의회령을 제정할 권한을 상실하게 되었다.

### (3) 법률 및 법률을 대체하는 정부령

법률은 행정부인 대통령, 입법부인 하원이 협력하여 제정하는 제정법의 한 종류이며, 일부 특정 사항11)에 대해서는 상원도 관여할 수 있다. 행정부와 입법부 모두 법안을 발의할 수 있으며, 이렇게 상정된 법안은 양 기관이 심의하게 된다. 법안이 통과된 후에는

---

11) 지방자치 및 지방과 이해관계가 있는 사항들

행정부인 대통령이 해당 법안을 재가하고 서명한다. 대통령이 날인한 법안은 법률이 된다. 법률은 다음의 내용을 포함한다: 헌법, 국민평의회령, 또는 기타 법률이 규정하고 있는 사안, 특정 국제 협약 또는 합의의 비준, 헌법재판소 결정의 후속 조치, 국가 예산(정부지출 및 세입)

대통령은 법률 외에 법률을 대체하는 정부령(Perpu)을 제정할 수 있다. 법률대체정부령은 정부(대통령)가 제정하는 제정법의 일종이며 법률을 대체하기 위한 것으로서 법률과 법률대체정부령은 동등한 위상을 갖는다. 법률대체정부령은 즉각적인 대응이 필요한 예상치 못한 상황이나 긴급 상황을 해결하기 위해 제정된다. 법률대체정부령의 제정 절차는 법률 제정 절차에 비해 간단하다. 법률대체정부령은 전적으로 정부가 수립하기 때문에 입법부는 다음 의회 회기에 법률대체정부령을 검토하여 이를 승인하거나 거부할 기회를 갖는다. 헌법상 헌법재판소에서는 법률만 검토할 수 있다. 그러나 실제로는 법률과 법률대체정부령 모두 헌법재판소에서 헌법 합치 여부를 판단할 수 있다.

### (4) 정부령(PP)

정부(대통령)는 정부령을 제정하여 법률 조항을 시행한다. 정부령은 법률이 현실에서 시행가능 하도록 해당 법률의 조항을 세부적으로 규정한다. 정부령은 대체로 해당 법률 조항의 시행을 위한 절차와 과정을 명시하고 있다. 세부적인 설명을 필요로 하는 조항이 많으면 많을수록 하나의 법률은 다수의 정부령을 필요로 할 수 있다. 정부령과 해당 법률의 일치 여부를 확인하기 위해 해당 법률과 정부령을 검토하는 권한은 대법원이 갖는다.

### (5) 대통령령(Perpres)

대통령은 상위 제정법을 시행하거나 대통령의 통치권한을 행사하기 위해 대통령령을 제정한다. 대통령은 상위 제정법에서 위임을 했는지 여부와 상관없이 대통령령을 수립할 수 있다. 대통령령의 제정은 대통령에게 국가 통치를 위한 헌법적 의무를 수행할 수 있는 법적 권한을 부여하는 것을 목적으로 한다.

### (6) 주 자치법규(Perda Propinsi)

주 자치법규는 주지사와 주정부의 입법부 또는 의회가 협력하여 제정한다. 주 자치법규는 해당 지역 고유의 성격이 반영될 수 있는 지방자치의 실행과 밀접한 관련이 있는 사안들을 규정하는 것을 목적으로 한다. 주 자치법규의 내용은 법률과 같은 상위 규범을 참고해야 한다. 주 자치법규와 법률 간의 일치를 확인하는 권한은 대법원과 내무부에 있다.

### (7) Kabupaten - 군·시 자치법규(Perda Kabupaten/Kota)

군·시 자치법규(Kabupaten)는 주 자치법규와 유사하게 kabupatens 즉, 군·시의 지방자치 시행과 밀접한 관련이 있는 사안을 규정하는 것을 목표로 하고 있다. 군·시 자치법규에는 해당 지자체의 독특한 성격이 반영될 수 있다. Kabupaten의 장(長)인 bupaties나 도시의 시장, 또는 군·시의 입법부가 군·시 자치법규를 제정하며, 대법원과 내무부가 군·시 자치법규가 상위 규범과 일치하는지 검토할 권한을 갖는다.

### (8) 기타 법규

앞서 기술한 법률과 법규의 종류 외에도 제정법 체계 내에는 명시적으로 포함되어 있지 않지만 법률제도 내에서 인정하고 있는 법규들이 있다. 여기에는 국민평의회, 하원, 상원, 헌법재판소, 최고감사기구, 사법위원회, 중앙은행, 장관, 기관, 기구, 주지사, Kabupaten이나 지방자치단체 의회, bupatis나 시장, 이장이 세운 위원회, 또는 이에 준하는 기구 등이 제정하는 규정이 포함된다. 이러한 유형의 규정은 일반적으로 해당 기관의 권한과 밀접한 관련이 있는 구체적인 사항을 규정한다.

## 4. 입법절차

### 1) 개요

정부에게 법률을 제정할 수 있는 일차적 권한을 부여했던 기존 헌법과 달리 개정 헌법은 의회에 법률 제정 권한을 부여하고 있다. 행정부는 의회에 법안을 발의할 수 있다. 만약 행정부와 의회가 동일한 법안을 발의할 경우 의회에서 발의된 법안이 일차적으로 논의되고 정부의 법안은 대안이 된다. 행정부와 입법부가 해당 법안의 내용에 대해 상호 동의를 한 후에야 행정부의 재가를 얻어 법률로 제정될 수 있다.

2004년 이후 입법에 관한 여러 측면을 구체적으로 규정하는 법률인 2004년 법률 제10호가 발효되었다. 이 법은 2011년 법률 제12호와 법2019년 법률 제15호의 제정에 따라 개정되었다. 2011년 법률 제12호는 입법과정을 법안의 계획 및 수립, 심의, 재가, 공포로 규정하고 있다. 또한 이 법에서는 법안 작성 시 대중의 참여에 관해서도 규정하고 있다.

### 2) 입법절차[12]

대통령과 하원은 5년이라는 기간 내에 대통령과 하원이 논의하고 심의할 법안의 목록을 수록한 문서인 '국가입법프로그램(*Prolegnas*)'을 수립하고, 이를 1년 단위로 추가로 세분화한다. *Prolegnas*는 대통령과 하원이 국민이 원하는 것을 이해하고 이에 대해 상호 합의한 내용이 바탕이 되며, 대통령과 하원이 법을 제정하려고 할 때 참고하는 자료가 될 수 있다. *Prolegnas*는 대통령과 하원이 수립하지만, 법안을 발의할 수 있는 상원이라는 추가적인 기관도 있다. 그러나 상원은 법안의 발의에 국한되어 있어 그 역할이 미미하다. 상원은 법안 심의에는 참여하지 않는다.

---

[12] 다음과 같은 다수의 법률과 규정에서 입법절차를 규정하고 있다: 『2011년 제12호 입법제정에 관한 법률』의 개정법률인 2019년 제15호, 『2009년 제27호 국민평의회, 하원, 상원, 지방국민의회(DPRD)에 관한 법률』, 2014년 하원내부규정 제1호, 2011년 법률 제12호의 시행규정에 관한 2014년 대통령령 제87호. 법률 제정 절차에 관한 추가 정보는 앞서 언급한 법률과 규정에서도 찾아볼 수 있다.

### (1) 행정부에 의한 법안[13]

개정된 헌법하에서 입법부는 법률 제정 권한을 상당히 부여 받았으나 현실에서는 제정 법률의 대부분을 정부가 발의하고 있다. 이 장에서는 행정부가 발의하는 법안의 입법 절차를 설명한다.

1. 대통령이 발의하는 법안은 주무부처의 장관이나 또는 비장관급 정부기관과 법무부 장관이 작성한다. 이 단계에는 해당 분야의 전문가가 작성한 법안에 대한 학술 검토서(naskah akademik)의 작성도 포함된다. 이 학술 검토서는 해당 법안 도입의 중요성에 관한 객관적이고 기술적인 논점을 제공하기 위해 고안되었다.
2. 해당 법안은 대통령의 서한과 함께 대통령이 하원으로 회부한다.
3. 대통령은 서한에서 대통령을 대신하여 하원과 함께 해당 법안을 심의할 장관 또는 복수의 장관들을 지명한다.
4. 이후 대통령(장관(들)이 대표함)과 하원은 해당 법안을 두 단계의 심의와 독회를 거쳐 심의한다. 제1독회는 해당 법안으로 인해 발생하는 문제를 논의하고 해결하는 것을 목표로 하며, 제2독회는 양 측이 해당 법안에 동의하는지 여부를 확인하기 위해 의원총회에서 법안을 결정하는 것을 목표로 한다.
5. 두 차례의 독회를 바탕으로 대통령과 하원은 서로 합의를 이루어야 한다.
6. 법안이 합의되면 대통령이 재가하고 서명한다. 그러면 해당 법안은 법률이 된다.
7. 그 후 해당 법률은 관보(Lembaran Negara)에 게재되고, 이로써 대중이 법률의 신설을 통지 받고 그 존재를 알게 되는 것으로 간주된다.

### (2) 하원입법[14]

하원은 법안 발의 권한을 가지고 있다. 하원의 입법절차는 다음과 같다:

---

13) 『2011년 법률 제12호 입법에 관한 법률』의 개정법률인 2019년 법률 제15호 및 2011년 법률 제12호의 시행규정에 관한 2014년 대통령령 제87호 참조
14) 『2011년 제12호 입법에 관한 법률』의 개정법률인 2019년 법률 제15호, 『2009년 제27호 국민평의회, 하원, 상원, 지방국민의회에 관한 법률』, 2014년 하원내부규정 제1호 참조

1. 하원 의원, 하원 위원회(*Komisi*), 하원의 공동 위원회(*Gabungan Komisi*)는 학술 검토서를 첨부하여 법안을 발의할 수 있다.
2. 해당 법안은 논의 및 입법기관으로서의 하원의 승인을 득하기 위해 하원 의장단에게 보내진다.
3. 하원이 승인하면 해당 법안과 학술 검토서는 대통령에게 이송된다.
4. 대통령(장관(들)이 대표함)과 하원은 이후 두 차례의 심의와 독회에서 해당 법안을 심의한다. 제1독회는 해당 법안으로 발생하는 문제를 논의하고 해결하는 것을 목표로 하며, 제2독회는 양 측이 해당 법안에 동의하는지 여부를 확인하기 위해 의원총회에서 법안을 결정하는 것을 목표로 한다.
5. 두 차례의 독회를 바탕으로 대통령과 하원은 서로 합의를 이루어야 한다.
6. 법안이 합의되면 대통령이 재가하고 서명한다.
7. 이후 해당 법률은 관보에 게재되고, 이로써 대중이 법률의 신설을 통지 받고 그 존재를 알게 되는 것으로 간주된다. 정부와 하원은 신설된 법을 대중들에게 알려서 대중들이 새로운 법의 존재를 실제로 알게 할 책임이 있다.

### (3) 상원 입법[15]

상원은 어떤 종류의 법안이라도 발의할 수 있는 대통령이나 하원과 달리 지방자치, 중앙정부와 지방정부의 관계, 지역의 생성과 병합, 천연자원의 관리, 중앙정부와 지방정부의 재정수지의 사안에 관련된 법안만 발의할 수 있다. 상원이 발의하는 법안의 입법절차는 다음과 같다:

1. 상원의원들이 법안을 발의한다.
2. 발의된 법안은 상원의 입법 관련 위원회 또는 소위원회에 회부되어 필요한 의견을 받는다.
3. 이후 위원회에서는 입법기관으로서의 상원의 승인을 위해 해당 법안을 상원 의장단

---

15) 2019년 법률 제15호로 개정된 2011년 법률 제12호 및 2014년 상원내부규정 제1호 참조

에 제출한다.
4. 법안이 승인되면 상원 의장단은 해당 법안을 하원 및 대통령에게 이송한다.
5. 상원, 하원, 대통령은 해당 법안에 대해 논의한다. 대통령과 하원은 제1독회 및 제2독회 또는 심의에 모두 관여하지만, 상원은 제1독회에만 참여한다.
6. 두 차례의 독회를 바탕으로 대통령과 하원은 해당 법안에 대해 서로 합의를 이룬다.
7. 합의된 법안은 그 후 대통령이 재가하고 서명한다.
8. 해당 법률은 관보에 게재되고, 이로써 대중이 법률의 신설을 통지 받고 그 존재를 알게 되는 것으로 간주된다. 정부와 하원은 신설된 법을 대중들에게 알려서 대중들이 새로운 법의 존재를 실제로 알게 할 책임이 있다.

지금까지 다룬 입법절차를 다음의 그림16)처럼 간략하게 나타내볼 수 있다.

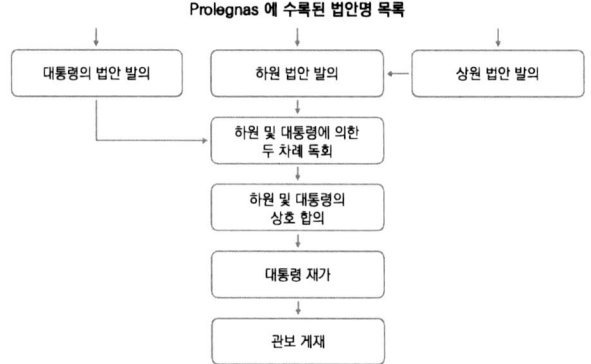

---

16) 이 그림은 기본 입법절차에 관한 것이다. 입법절차에 대한 보다 상세한 자료는 다음의 관련 법률 및 규정 참고: 『2011년 제12호 입법에 관한 법률』 및 그 개정법률인 2019년 제15호, 『2014년 제17호 국민평의회, 하원, 상원 및 지방국민회의에 관한 법률』 및 그 개정법인 2019년 제13호, 2014년 하원내부규정 제1호, 2014년 상원내부규정 제1호, 2011년 법률 제12호의 시행 규정에 대한 2014년 대통령령 제87호

## 5. 인도네시아의 기본법

### 1) 개요

이 글에서 설명할 인도네시아의 기본법에는 1945년 헌법, 민법, 형법, 행정법, 상법, 절차법, 형사소송법이 있다.

### (1) 헌법

인도네시아 헌법은 다른 나라의 헌법처럼 인도네시아의 최고 규범이다. 최초의 헌법은 인도네시아 독립 선언 하루 뒤인 1945년 8월 18일에 제정되었다. 「1945년 헌법」은 세계에서 가장 짧은 헌법 중 하나이다.[17] 여기에는 국가의 형태, 정부의 구조, 중앙정부와 지방정부의 관계, 국가경제, 인권보호 등의 기본원칙이 명시되어있다. 그러나 「1945년 헌법」은 모호하거나 불명확한 조항과 같은 약점이 눈에 띄며, 일부 조항의 경우 충분히 설명되고 있지 않아서 규정 시행의 내용을 결정하는데 있어 정부에게 재량권이 주어지는 것으로 인식되고 있다.

제2차 헌법은 「1949년 연방헌법」이다. 이름에서 볼 수 있듯이 인도네시아가 연방정부일 때 사용된 헌법이다. 「1949년 헌법」은 제1차 헌법과 달리 비교적 길다. 이 헌법에는 200개 이상의 조항이 있다. 조항 수가 늘어난 것은 헌법이 국가에 관련된 조항(*daerah bagian*) 등 기존에는 없던 사항들에 대해 규정을 했기 때문만이 아니라, 인권보호 등 일부 중요한 원칙을 대폭 구체화한데 따른 것이다. 이 헌법은 오래 가지는 못했다. 1년도 채 되지 않아 「1949년 헌법」은 「1950년 임시헌법」으로 대체되었다.

「1950년 헌법」은 국가의 형태에 관한 조항을 제외하고는 상당부분 「1949년 헌법」과 유사하다. 연방제를 채택한 「1949년 헌법」과 달리 「1950년 헌법」은 단일 국가제를 채택

---

[17] 「1945 헌법」은 37개 조항과 2개의 임시조항, 다수의 해설을 겸한 2개의 추가 조항으로 구성되어 있다.

했다. 「1950년 헌법」은 임시헌법으로 그쳤는데, 「1949년 헌법」의 작성자들이 국민의 대의권을 반영하지 않았기 때문이다. 그 후 정부는 영구적인 헌법을 만들기 위해 제헌의회(Dewan Konmittuante)를 수립하였다. 그러나 이 제헌의회는 영구적인 헌법을 수립하지 못했고, 제헌의회의 역할에 관한 불확실성으로 인해 대통령은 1959년 7월 5일에 최초의 헌법인 「1945년 헌법」으로의 복귀를 결정하는 대통령령을 공포하게 된다. 「1945년 헌법」은 국민평의회가 개정을 결정한 1999년까지 계속 사용되었다. 1999년부터 2002년 사이에는 일련의 개헌 작업이 있었다.

개정된 헌법은 전문과 본문의 조항들로 구성되어 있다. 본문은 21개 장(章)과 73개 조, 170개 항, 3개의 임시조항과 2개의 추가조항으로 되어 있다. 전문에는 무엇보다도 국가 이념(Pancasila)과 국가 목표가 명시되어 있다. 개정 헌법에는 이전 헌법에서 논란의 여지가 있거나 모호하게 언급 되었던 기본원칙들이 몇 가지 추가되었다. 인권에 기반한 자유민주주의 체제 도입, 개방사회, 견제와 균형을 보장하는 메커니즘, 권력분립 등이 그것이다. 또한 헌법주의, 법치주의 및 민주주의의 발전을 위해 지방분권, 국가경제, 그리고 헌법재판소, 사법위원회, 지역대표의회와 같은 새로운 국가기관에 관한 규정도 명시되어있다. 헌법은 하원과 상원의원들로 구성된 국가기관인 국민평의회에서 제정 또는 개정 한다.

### (2) 민법

인도네시아 민법은 인도네시아어로 *Kitab Undang-Undang Hukum Perdata*, 즉 「1848년 인도네시아 민법」(KUH Perdata)을 주로 따르고 있다. 인도네시아의 민법은 네덜란드 민법(*BurgerlijkWetboek*)에서 유래되었으며 포괄적으로 설계되었다. 민법전은 개인에 관한 제1편(*Orang*),[18] 상품에 관한 제2편(*barang*),[19] 계약에 관한 제3편(*perikatan*),[20] 증거

---

18) 제1편은 시민권의 향유 및 상실, 물권 및 그 구분, 거주지와 주소, 혼인, 배우자의 권리와 의무, 법적 공동체 재산 및 관리, 혼전 계약, 재혼 또는 그 이후의 혼인 시 공동체 재산 또는 혼전 계약, 재산의 분할, 혼인의 해제, 탁상이혼, 부계권 및 자녀의 성과 본, 혈연 및 혼인으로 인한 관계, 친권, 양육비 개정 및 취소, 미성년자와 후견인, 성인(emancipation), 후견인제도에 관한 전반적인 사항을 다루고 있다.

와 만료에 관한 제4편(*pembuktian and daluarsa*)21)의 네 편으로 구성되어 있다.

민법의 일부 조항은 인도네시아의 법적 발전에 발맞추기 위해 개정 또는 갱신되었다. 이렇게 개정, 갱신된 조항에는 108조, 110조, 284조(2), 1683조, 1579조, 1238조, 1460조, 1603X조 (1)과 (2)가 포함된다. 인도네시아에는 일부 민법적 측면을 규율하면서 일부 특정 집단들이 따르고 있는 관습법 및 이슬람법도 있다. 인도네시아의 국가법은 이러한 관습법 및 종교법의 존재 역시 포용하고 있다.

### (3) 형법

형법은 인도네시아어로 *Kitab Undang-Undang Hukum Pidana*(KUHP idana)인 형사법 조항과 네덜란드 형법(*Wetboek van Strafrecht*)을 따른다. 이름에서 알 수 있듯이 인도네시아의 형법인 KUHP는 네덜란드 형법에서 유래한다. KUHP는 범법행위를 위법행위와 범죄의 두 가지 유형으로 나누고 있다. 위법행위는 심각성이 낮은 수준의 범죄, 즉 경범죄라고 정의할 수 있다. 위법행위에 대한 처벌은 보통 벌금으로 이루어진다. 범죄는 심각한 수준의 범죄, 즉 중범죄라고 정의할 수 있다. 중범죄에는 무엇보다도 살인, 납치, 인간 존엄에 반하는 범죄, 재산에 대한 범죄가 포함된다. 중범죄에 대한 처벌은 사형, 무기징역, 구금 및 벌금 등이 있다. 인도네시아의 형법은 3개의 장(章)으로 구성되어 있다. 제1장은 형사사건에서 따라야 하는 조건과 절차를 다루고 있다. 제2장은 범죄의 성격을 자세히 구분하여 설명하고 있으며, 제3장에서는 경범죄를 다루고 있다. 형법 외에도 부패

---

19) 제2편은 물권 및 그 구분, 소유 및 소유로 인해 발생하는 권리, 소유권, 주변 토지 소유주 간의 권리와 의무, 배우자의 권리와 의무, 지역권, 건축권, 장기 임대권, 토지 임대, 수익의 이용, 이용 및 점유, 사망으로 인한 승계, 유언, 유언 집행자 및 관리자, 심의권 및 부동산 서술의 특권, 상속의 수용 및 거부, 부동산 분할, 비지배적 상속, 부채의 우선 순위, 담보, 담보 대출에 관한 전반적인 사항을 다루고 있다.
20) 제3편은 일반적인 계약, 계약 또는 합의에서 발생하는 분쟁, 법적 효력에 의해 발생하는 분쟁, 계약의 폐기, 판매 및 구매, 교환, 임대차계약, 용역 수행에 관한 계약, 파트너십, 법적 주체, 선물, 사용을 위한 대출, 소비를 위한 대출, 고정 이자 또는 영구 이자, 약정서, 위임장 발행, 보증 및 정산에 관한 전반적인 사항을 다루고 있다.
21) 제4편은 일반적인 증거, 증인에 의한 증거, 추론, 자백, 법적 선서 및 절차에 관한 전반적인 사항을 다루고 있다.

근절에 관한 법률과 같이 매우 특정한 유형의 범죄를 다루는 법률도 있다.

### (4) 행정법

인도네시아 행정법의 범위는 기존의 여러 법률에서 찾아볼 수 있다. 여기에는 무엇보다도 『정부 행정에 관한 법』22)과 『국가행정법원에 관한 법』23)이 있다. 정부 행정에는 정부의 모든 기능 및 의무를 수행 할 권한이 있는 법적 주체뿐만 아니라 정부 기관 및 정부의 국가 행정 공무원이 수행하는 모든 법적 조치 및 실질적 조치가 포함된다.24) 분쟁의 대상은 법에 명시된 대로 국가행정기관 또는 공무원이 내린 국가행정결정이다.

국가행정결정에 관한 분쟁은 국가행정결정의 공표에 따라 국가행정기관이나 수도 또는 지방의 공무원이 있는 민간 법적단체와 개인 간에 국가행정 범위 내에서 발생하는 분쟁으로서 직원 사무에 관한 분쟁도 준용가능한 법에 기초하여 포함된다.25)

더 나아가 이 법은 국가행정결정에 대해서 구체적이고 개인적이며 최종적인 성격의 국가 행정법률 행위를 포함하면서 개인이나 민간 법률 주체에 법적 결과를 초래하는 국가행정기관이나 공무원이 발행하는 서면 결정이라고 정의하고 있다.26) 서면 결정에는 허가, 법적 지위, 권리와 의무, 직원의 업무에 대한 결정이 포함된다.

국가행정에 관한 법은 공무원의 권리와 의무, 권한의 제한, 권한남용 금지, 권한쟁의, 재량권 사용의 제한, 서면 행정결정의 종류, 정부의 결정이나 행동에 따른 법적 결과, 그리고 개인 또는 법적 주체가 정부 결정이 자의적이라고 생각하거나 정부가 권력을 남용했다고 주장할 경우 소송을 제기할 권한에 대해 규정하고 있다.

---

22) 『2014년 제30호 정부행정에 관한 법률』
23) 『1986년 제5호 국가 행정 법원에 관한 법률』의 개정법률인 2004년 제9호
24) 『1986년 제5호 국가 행정 법원에 관한 법률』의 개정법률인 2004년 제9호
25) 『1986년 제5호 국가 행정 법원에 관한 법률』의 개정법률인 2004년 제9호
26) 『1986년 제5호 국가 행정 법원에 관한 법률』의 개정법률인 2004년 제9호의 제1조

## (5) 상법

인도네시아의 상법은 다수의 법률을 따르고 있다. 초기에 인도네시아 상법, 즉 *Kitab Undang-Undang Hukum Dagang*(KUHD)은 네덜란드 상법(*Wetboek van Kofandel*)을 채택하였으나[27] 인도네시아 상법의 급속한 발전으로 인해 점점 더 많은 법과 규정이 필요해졌다. 1990년대 중반, 인도네시아 정부는 유한회사를 다면적으로 규제하는 유한회사법을 제정하였다. 또한 자본시장법도 제정했다. 1998년 금융위기 이후 인도네시아는 근래의 상황을 고려하여 적절하면서도 집행 가능하도록 은행법을 개정했다. 또한 인도네시아 은행법에 따라 중앙은행인 샤리아 은행을 설립하는 등 흥미로운 발전도 있었다.

## (6) 민사소송법

인도네시아 민사소송법은 네덜란드 HIR(*Hettsregment Buitengewesten*)과 RB(*Rechtsregment Buitengewesten*)에서 유래한다. 이 두 법률은 오늘날에도 여전히 준용되고 있다. 그 밖에 민사소송법과 관련 있는 법률 및 규정들에는 인도네시아 민법 제4편, 사법부에 관한 법, 종교법원법, 일반법원법 등이 있다. 일반 민사소송절차는 다음과 같다: ① 청구서 제출, ② 의무적 중재,[28] ③ 심리,[29] ④ 증거 심리,[30] ⑤ 판결 전 종결 변론,[31] ⑥ 판결.[32]

---

[27] 상법(KUHD)은 두 편으로 구성되어 있다. 제1편의 제목은 "상사법 일반"이다. 제1편은 장부에 관한 법, 동업에 관한 법 및 익명 동업자와의 동업에 관한 법(*encommandite*)을 포함한 기업에 관한 법, 그리고 유한책임회사에 관한 법을 다루고 있다. 제2편에는 선적에 관한 법이 전방위적으로 규정되어 있다.

[28] 법원은 분쟁 당사자들이 조정을 통해 분쟁을 해결할 수 있도록 돕는다. 중재를 통해 진행하지 않으면 이후의 어떤 판결도 법에 의해 무효가 된다. 법원은 합의가 이뤄지면 당사자들의 합의서를 비준하고 당사자들에게 합의 준수를 명령하는 결정을 내리게 된다.

[29] 조정이 성공하지 못하면 사건은 재판에 회부되고, 원고는 청구서를 낭독하게 된다. 이후 지방법원은 심리를 휴정하고 피고인이 변론서를 작성하고 제출할 수 있는 기회를 준다. 피고인으로부터 변론 진술을 받으면 법원은 심리를 연기해 원고 측에 답변서를 제출할 기회를 부여한다. 이후 피고는 회답서를 제출할 기회를 갖게 된다.

[30] 당사자들은 증거를 제출하고 그들의 주장을 뒷받침할 증인과 전문가를 출석시킬 수 있다.

[31] 분쟁 당사자들은 증거자료와 당사자들의 서면 논거로 드러난 사실관계를 토대로 결론을 제출한다.

[32] 법원은 선고기일을 정한다.

### (7) 형사소송법

　형사소송법은 인도네시아어로 *Kitab Undang-Undang Hukum Acara Pidana*(KUHAP)이다. 형법(KUHP), 상법(KUHD), 민법(KUH Pidana)과는 달리, 형사소송법(KUHAP)은 네덜란드 식민지 시대에서 기인한 것이 아니라 인도네시아 정부가 수립한 것이다. 형사소송법은 1981년 법률 제8호(Law 8/1981)라고 표기되며 1981년에 제정되었다.

　형사소송법 제정 이전에 인도네시아는 네덜란드의 HIR(*Hett Herziene Inlandsch Reglement*)을 채택하였으나 네덜란드 HIR이 최근의 사회 발전과 양립하지 않는다고 여겨지면서 이를 대체하기 위해 형사소송법이 제정되었다. 형사소송법에는 피의자가 법률적 지원 및 공정한 법적 절차를 밟을 수 있도록 보장하는 등 몇 가지 중요한 원칙이 담겨있다. 또한 지난한 법적 절차를 막기 위해 수사, 기소, 구속, 구금에 이르는 사법적 절차의 각 단계마다 시간적 제한을 두고 있다.

　최근 들어 형사소송법의 개정 필요성에 대한 논의가 이어지고 있다. 형사소송법이 새로운 형태의 범죄로 이어지는 기술의 급속한 발전을 다루지 못하고 있기 때문이다. 형사소송법 개정안 초안이 개발되어 대통령과 하원의 논의를 앞두고 있기는 하나, 그럼에도 불구하고 형사소송법 개정은 어려운 과제임이 틀림없다. 법적 격차를 해소하기 위해 「테러방지법」,[33] 「부패방지위원회법」,[34] 「정보전자거래법」,[35] 「돈세탁방지법」[36] 등 특정 유형의 범죄를 다루는 법도 제정되어 있다.

---

[33] 2003년 법률 제15호 및 제16호
[34] 2002년 법률 제30호
[35] 2008년 법률 제11호
[36] 2002년 법률 제15호

## 6. 인도네시아 법률의 법원(法源) 찾기

### 1) 정부 웹사이트

많은 정부 기관 웹사이트에서 헌법, 법률, 법규의 전문을 제공하고 있다. 법률과 법규는 일반적으로 날짜별로 배치되어 있다. 아래 2개의 웹사이트에서는 법률과 법규를 비교적 포괄적으로 제공하고 있다:
1. 법무인권부(Ministry of Justice and Human Rights): http://www.peraturan.go.id/
2. 국가법개발청(BPHN): http://bphn.go.id
3. 인도네시아 의회: http://www.dpr.go.id/jdih/tentang

위의 웹사이트에서는 헌법 전문, 국가법률, 국가 및 지방 법규, 법원 결정 및 법안의 전문을 제공하고 있다. 다만 대부분이 인도네시아어로 되어 있다. 인도네시아 의회에서도 국가의 법률을 체계적으로 제공하고 있다.

### 2) 영문 웹사이트

인도네시아 헌법 및 일부 법률과 법규의 영문버전은 다음의 웹사이트에서 제공되고 있다.

#### (1) 국가내각사무처 웹사이트: http://www.setneg.go.id

국가내각사무처 웹사이트 우측상단에 'English'를 클릭하면 영문 홈페이지가 뜬다. 여기에서 'Legal Products'를 클릭하면 「1945년 헌법」과 법률 및 법규의 영문버전을 볼 수 있다.

(2) 헌법재판소 웹사이트: http://www.mahkamahkonstitusi.go.id/

헌법재판소 웹페이지의 우측 상단에 있는 'English'를 클릭하면 영문 홈페이지가 뜬다. 여기에서 'Regulation'을 클릭하면 영문 법령을 볼 수 있다.

(3) 국가법개발청 웹사이트: http://eng.bphn.go.id/

국가법개발청의 웹사이트에 접속하면 법령 목록을 볼 수 있다. 각 법령명을 클릭하면 영문버전을 볼 수 있다.

# 캄보디아 법률제도 개관

Phalthy Hap

# 캄보디아 법률제도 개관

Phalthy Hap*

## 1. 들어가며

이 글에서는 현재 캄보디아의 법률 제도를 개략적으로 소개하고자 한다. 1970년부터 1975년까지 지속된 캄보디아 내전과 크메르 공화국 체제, 1975년부터 1979년까지 민주 캄푸치아 체제, 1979년부터 1993년까지 캄보디아 인민공화국 체제,[1] 그리고 1993년부터 현재까지 캄보디아 왕국 체제와 같은 다양한 정권을 거치면서 국가로서의 캄보디아는 쇠락해 왔다. 1998년 크메르 루주 반군의 집권이 종료되면서 캄보디아에 안정과 안전이 찾아왔다. 1993년 5월 첫 선거의 결과에 따라 같은 해 9월 민주국가를 수립하면서 캄보디아의 법률 제도는 재건되었다.

## 2. 입법체계

### 1) 개요

캄보디아에서 좁은 의미의 법률이란 입법기관이 채택하고 크메르어로 *Preah Reachkram*

---

\* 캄보디아 프놈펜에 소재한 왕립 법경제대학교(Royal University of Law and Economics) 대학원과정 부학장. 이 글은 2016년 발간된 Legal Systems of Asia: A Short Guide 에 실린 Introduction to Cambodian Law를 최신 개정 및 변화 등을 반영하여 국내 독자들을 위해 국문으로 번역, 편집한 것임을 알림.
1) 1989년에 헌법(1981년 제정)개정에 따라 캄보디아 인민공화국은 캄보디아국으로 변경되었음. 국명만 변경되고 다른 변동사항은 없음.

인 '왕실 법률'이라는 이름으로 국가 수장이 공포하여야 한다. 이 글에서 법률은 왕실 법률을 의미한다. 1993년부터 입헌군주국가가 된 캄보디아는 국왕이 국가의 수장으로서 군림하나 통치하지 않는다.2) 법률이 발효되려면 법률안을 국회에 상정해 채택 절차를 거치고, 상원에 상정해 승인 투표를 한 후 국가 수장에게 제출해 공포하도록 한다. 넓은 의미에서 법률은 국가 수장, 수상 및 각 부처 장관이 서명한 모든 법규정을 포함한다. 캄보디아 왕립 관보 발췌문에 따르면 1993년부터 2015년 9월까지 445개의 법률이 공포되었다. 아래 그림은 연도별로 공포된 법률 숫자를 나타낸다.

[그림 1] 1993년부터 2015년 9월까지 연도별로 공포된 법률의 수

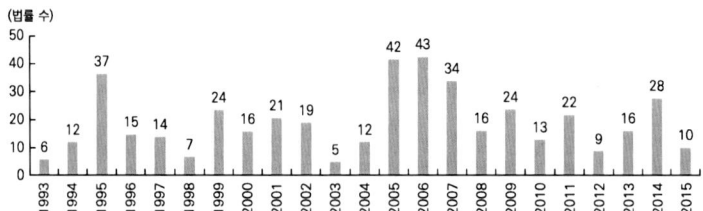

캄보디아 헌법은 캄보디아 왕국의 최고법이다. 법률은 헌법에 저촉되어서는 안 되며 저촉되는 경우에는 위헌으로 공포된다. 헌법위원회(Constitutional Council)3)는 법률의 합헌성을 판단할 권한이 있다. 일반적으로 모든 기본법은 합법성을 심사하는 헌법위원회에 제출되어야 한다. 모든 조약과 국제협정도 캄보디아 법제도에서 효력을 발휘하려면 비준 절차를 거쳐야 한다.4) 정부는 조약 및 국제협정을 국회에 상정하여 채택 절차를 거치고, 상원에 상정하여 승인 투표를 한 후 국가 수장에게 이송하여 공포하도록 한다. 따라서 비준된 조약 및 국제 협정은 이 글에서 논한 것처럼 법률에 상응한다. 조약 및 국제협약과

---

2) 『캄보디아왕국 건국헌법』(1993년) 제7조1항(이후 『캄보디아 건국헌법』이라 칭함).
3) 헌법위원회는 임기가 9년인 9명의 의원으로 구성됨. 의원 3인은 국회가, 3인은 정부가, 나머지 3인은 국왕이 임명하고 의원 3인은 매 3년마다 교체됨.
4) 『캄보디아 건국헌법』 제26조

마찬가지로 법률도 국회의 통과를 거쳐 상원에서 승인하고 국가 수장이 서명하여야 한다.5)

캄보디아 상원은 정치적 타협의 산물임을 강조하고자 한다. 입법권을 가진 상원은 캄보디아가 직접 실시한 1998년 총선으로 야기된 정국 경색 이후인 1999년에 수립되었다.

상원은 국회가 상정한 법률안을 심의하고 의견을 제시한다. 아래 그림은 법률안이 국회에서 상원을 거쳐 공포되는 절차이다.

[그림 2] 국회가 채택한 법률에 대한 상원의 심의 절차

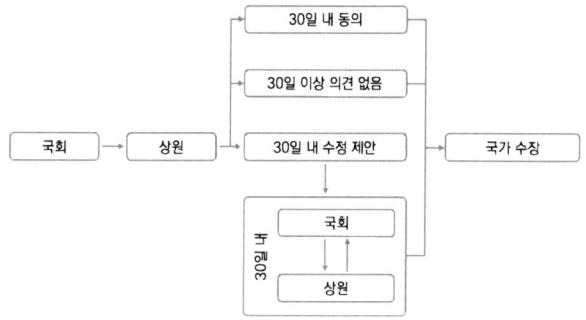

한국을 포함한 다른 나라의 법률제도와는 달리 캄보디아 대법원은 법률 및 다른 법규정의 합헌성을 판단할 권한이 없다. 대법원은 제1심 항소심의 법률문제와 항소법원의 제2심 항소심의 법률 문제 및 사실관계를 심리하는 최고의 법원이다. 대법원의 판결은 최종 결정이다.

## 2) 법률체계

### (1) 헌법

앞서 언급했듯이 헌법은 캄보디아 법체계상 최상위 법으로 독립국가가 운영되는 방식

---
5) 『캄보디아 건국헌법』 제28조-신설

에 대한 기본적인 원칙을 규정한다. 『캄보디아 건국헌법』은 국왕, 캄보디아 시민의 기본권, 국정 참여권, 정치 체계, 경제 체계, 입법 기관, 행정 기관 및 사법권에 대한 조항을 명시하고 있다. 『캄보디아 건국헌법』에 따라 캄보디아는 입헌군주국이다.

역사적으로 캄보디아는 매우 다른 다양한 헌법을 거쳐왔고, 많은 강성 정권이 배출되었다. 첫 헌법은 캄보디아가 프랑스 식민 지배를 받던 1947년에 제정되었다. 캄보디아는 1953년에 프랑스에서 독립했지만, 『1947년 헌법』은 쿠데타가 일어난 1970년까지 존속했다. 이후 1970년부터 1975년까지 크메르 공화국 체제하에 1972년 두 번째 헌법이 제정되었다. 이 헌법은 1975년부터 1979년까지 크메르 루주 정권이라 불린 민주 캄푸치아 체제하에 1976년에 공포되었는데 캄보디아 역사상 가장 힘겹고 고통스런 이 시기에 많은 지식층들이 살해되었다. 1979년 크메르 루주 정권이 붕괴된 이후, 캄보디아 인민공화국이 수립되고 『1981년 헌법』이 채택되었다. 『1981년 헌법』이 1989년에 개정되면서 캄보디아는 1989년부터 1993년까지 캄보디아국이 되었다. UN의 강력한 지지 덕분에 1993년부터 캄보디아는 마침내 현재의 헌법을 향유하고 있다. 아래 표는 정권 변경 및 다양한 헌법의 제정일을 나타낸다.

〈표 1〉 정권별 헌법과 제정일(연대순)

| 번호 | 기간 | 정권명 | 헌법 제정일 |
|---|---|---|---|
| 1 | 1947~1970 | 캄보디아 왕국 | 1947년 5월 6일 |
| 2 | 1970~1975 | 크메르 공화국 | 1972년 6월 10일 |
| 3 | 1975~1979 | 민주 캄푸치아 | 1976년 1월 5일 |
| 4 | 1979~1989 | 캄푸치아 인민공화국 | 1981년 6월 27일 |
| | 1989~1993 | 캄보디아국[6] | 1989년 4월 30일 |
| 5 | 1993~현재 | 캄보디아 왕국 | 1993년 9월 24일 |

---

6) 국명만 변경되고 정권은 그대로 유지됨.

그러나 현행 캄보디아 건국헌법은 많은 도전을 직면해 왔다. 정치인들 간에 상이한 해석으로 인해 수 차례 개정이 이루어져 '연성' 헌법으로 간주된다. 매 총선 이후 정국 경색을 해결하기 위한 시도로 현재까지 헌법은 9차례 개정되었다. 그러나 개헌이 미래의 정국 경색을 막지는 못한다. 아래 표는 국회의 개헌 채택일 및 국가 수장의 공포일이다.

〈표 2〉 개헌 채택일 및 공포일

| 개헌 회차 | 국회 채택일 | 국가 수장의 공포일 |
|---|---|---|
| 1 | 1994년 7월 14일 | 1994년 7월 14일 |
| 2 | 1994년 3월 4일 | 1999년 8월 8일 |
| 3 | 2001년 7월 2일 | 2001년 7월 28일 |
| 4 | 2004년 7월 8일 | 2004년 7월 8일 |
| 5 | 2005년 5월 18일 | 2005년 6월 19일 |
| 6 | 2006년 3월 6일 | 2006년 3월 9일 |
| 7 | 2008년 1월 15일 | 2008년 2월 15일 |
| 8 | 2014년 10월 1일 | 2014년 10월 23일 |
| 9 | 2018년 2월 14일 | 2018년 2월 27일 |

캄보디아의 법률체계상 헌법은 최상위 법률이며 다른 모든 하위 법률은 헌법을 준수하여야 한다. 수상이 제정하는 모든 법규정은 법률을 준수해야 하는 반면, 각 부처장관이 제정하는 부령은 수상이 제정하는 법규정을 준수해야 한다. 아래 그림은 캄보디아 법률 체계이다.

[그림 3] 캄보디아 법률 및 기타 법규정 체계

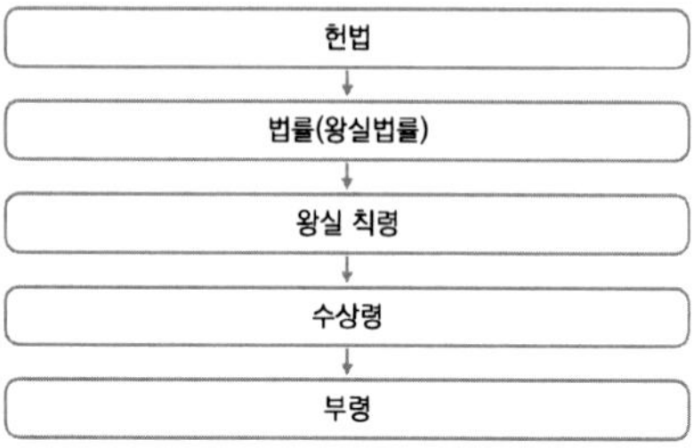

```
┌─────────────────┐
│      헌법       │
└────────┬────────┘
         ↓
┌─────────────────┐
│  법률(왕실법률)  │
└────────┬────────┘
         ↓
┌─────────────────┐
│    왕실 칙령    │
└────────┬────────┘
         ↓
┌─────────────────┐
│     수상령      │
└────────┬────────┘
         ↓
┌─────────────────┐
│      부령       │
└─────────────────┘
```

국가 수장은 법률을 공포할 때 결정적인 역할을 한다. 국왕의 부재 시 국가 수장직은 상원의장이 대행한다. 상원의장이 국외 체류, 심각한 질병이나 사망과 같은 사유로 국가 수장의 역할을 대행하지 못하는 경우에는 국회의장이 대행한다. 〈표 3〉은 국가 수장과 그 역할을 대행할 수 있는 직책을 나타낸다.

〈표 3〉 국가 수장 및 대행이 가능한 직책

| 순위 | 국가 수장 및 대행이 가능한 직책 |
|---|---|
| 1 | 국왕 |
| 2 | 상원의장 |
| 3 | 국회의장 |
| 4 | 상원 제1부의장 |
| 5 | 국회 제1부의장 |
| 6 | 상원 제2부의장 |
| 7 | 국회 제2부의장 |

(2) 법률(왕실 법률)

크메르어로 *chbab*인 법률은 좁은 의미에서 입법기관이 채택하고 국가 수장이 공포하는 법규범을 말한다. 공포된 법률은 왕실 법률(크메르어로 *preah reachkram*)이라 칭한다. 흥미롭게도 캄보디아 헌법은 개별 법률이 발효되는 시기를 명확히 규정하고 있다. 보통 법률은 공포 후 10일이 지나 프놈펜에서 발효되고, 20일이 지나 전국에 걸쳐 발효된다. 그러나 긴급으로 공포된 법률은 공포 후 즉시 발효된다.[7] 아래 표는 공포된 법이 발효되는 시기를 나타낸다.

〈표 4〉 공포일 후 법률의 발효일

| 마지막 조항 | 법률 발효일 | |
|---|---|---|
| | 프놈펜 | 전국 |
| 이 법률과 저촉되는 규정은 폐지한다. | 공포일 이후 10일 | 공포일 이후 20일 |
| 이 법률은 ~ 발효된다. | 공포일 이후 즉시 | |

예를 들어 2015년 8월 12일 공포된 「협회 및 비정부 기구에 대한 법률」의 경우, 마지막 조항인 제39조에 "이 법률과 저촉되는 규정은 폐지한다"라고 명시되어 있어 프놈펜에서는 2015년 8월 23일에, 전국적으로는 2015년 9월 2일에 각각 발효되었다. 그러나 2016년 6월 17일 공포된 「노동조합에 대한 법률」은 마지막 조항인 제100조에 "이 법은 즉시 발효된다"라고 명시하고 있기에 2016년 6월 18일에 발효되었다.

### (3) 왕실 칙령

크메르어로 *preah reachkret*인 왕실 칙령은 체계상 법률 아래에 있는 법규정을 말한다. 국왕은 각료회의[8]에서 제출한 왕실 칙령에 서명한다. 왕실 칙령은 보통 두 유형으로 구분되는데 고위공직자, 군장성, 법관[9] 및 각료회의[10]의 임명, 이동 및 해임에 대한 칙령과

---

7) 「캄보디아 건국헌법」 제93조-신설
8) 「캄보디아 건국헌법」 제28조-신설
9) 「캄보디아 건국헌법」 제21조 및 「각료회의 권한 및 구성에 대한 법률」 제02NS94호, 1994년 7월 20일 제14조
10) 「캄보디아 건국헌법」 제119조

행정령으로 나뉜다. 행정령은 특정 법률에 근거하며 그 법률을 시행하려면 왕실 칙령이 필요하다. 왕실 칙령은 수상이 서명하는 시행규칙보다 상위법령이다.

### (4) 기타 법규정

#### ① 개요

『캄보디아 건국헌법』에는 수상 또는 각 부처장관이 제정하는 법규정에 대한 조항은 없다. 그러나 『왕립정부의 권한 및 구성에 대한 법률』에는 수상이 제정할 수 있는 수상령이 언급되어 있다. 이 법률은 "수상은 본 법 제28조에 규정된 공무원을 제외하고 고위공직자, 공무원, 군 인사, 외교관, 도(*Khet*) 및 시(*Krong*)의 부지사와 제14조에 명시하지 않은 군수를 수상령으로 임명, 이동 및 해임하여야 한다"[11]라고 규정한다. 수상령은 법률 및 왕실 칙령의 하위법령이다. 수상은 수상령 외에 성명서, 지침, 시행세칙 및 명령을 발표할 권한이 있다. 이와 유사하게 각 부처 장관은 부령, 시행세칙, 지침 및 고지를 발표할 권한이 있다. 부처 규정(부령)은 위 [그림 3]과 같이 수상이 제정하는 법규정을 준수하여야 한다.

#### ② 수상이 제정하는 시행령 및 기타 법규정

크메르어로 *anukret*인 수상령은 법체계상 법률 및 왕실 칙령 하위에 있는 법규정이다. 수상령은 임명수상령과 행정수상령 두 유형으로 구분된다. 임명수상령은 수상으로 하여금 행정 공직에 복무할 고위관리 및 공무원을 임명할 권한을 주고, 행정수상령은 법률 시행에 필요한 제반 사항을 다루도록 한다.

수상령 외에 수상은 크메르어로 *sechkdey samrach*인 지침을 제정하는데 이 지침은 자신의 규제 권한에 속하는 사안을 결정할 때 사용한다. 헌법에는 수상이 제정하는 지침에 대한 조항이 없으나 『각료회의의 권한 및 구성에 대한 법』 제13조에 수상이 제정하는 지침에 대한 사항이 간략히 명시되어 있다. 2013년에 수립된 가이드라인은 정부 지침을

---

11) 『각료회의의 권한 및 구성에 대한 법률』 제02NS94호, 1994년 7월 20일 제16조

"비영구적인 범위 및 상태에 사용되는 정부 조치의 형식 및 내용으로 된 법규정"[12]이라고 정의한다.

아울러, 수상은 크메르어로 *sarachar*인 시행세칙도 제정할 수 있다. 이 시행세칙은 수상의 권한에 속하는 사항을 명확히 하고 자세히 설명하기 위해 필요하다. 일반적으로 시행세칙은 "법률 내용을 명확히 하고, 법체계상 상위 법규정을 설명 및 해석하거나 하위 공무원들이 이행할 지시, 조치 및 업무활동을 제시하는 법규정이다."[13] 수상이 공표하는 시행세칙에 대한 정의는 없다. 수상은 크메르어로 *bodbanhchea*라는 명령도 발표할 수 있다. 명령을 언급한 법률은 없으나 현실적으로 명령은 특정사안을 처리하기 위해 수립된다.

③ 부령

각 부처장관들은 *prakas*라는 부령을 제정할 권한이 있으며 이 부령은 시행령 및 기타 정부 법규정 하위에 있는 법규정이다.[14] 부령은 해당 부령을 제정하는 부처의 규제권한을 넘어설 수 없다. 각 정부 부처와 소속 부서의 구성 및 권한은 부칙으로 규정해야 한다.[15] 장관은 시행세칙을 제정할 권한이 있다. 시행세칙은 특정 사무를 설명하고 지시하는 문서이다.[16] 부령은 수상령 및 다른 정부 규정에 저촉되어서는 안 된다. *sechkdey choundamnoeng*라는 고지는 각 부처장관이 자신의 행정 권한에 따라 제정하는 또 다른 형태의 법규정이다. 고지는 특정 사안만을 다루고 수상령 및 다른 법규정의 범위를 초과할 수 없다. 또한 장관은 지침을 사용해 특정 사안을 결정 할 수 있다. 지침은 부령에 저촉될 수 없다.

---

12) 「법안 및 법규정 작성절차 및 규칙에 대한 가이드라인」 제93조, 각료회의, 2013년 5월 10일
13) 「법안 및 법규정 작성절차 및 규칙에 대한 가이드라인」 제99조, 각료회의, 2013년 5월 10일
14) 『각료회의 권한 및 구성에 대한 법률』 제02NS94호, 1994년 7월 20일 제29조
15) 『각료회의 권한 및 구성에 대한 법률』 제02NS94호, 1994년 7월 20일 제30조
16) 『각료회의 권한 및 구성에 대한 법률』 제02NS94호, 1994년 7월 20일 제29조

④ 도 규정

도지사는 *deika*라는 조례를 제정할 권한이 있다. 이 조례는 각 도의 지리적 경계 내에서 사용되어야 한다. 조례는 법률, 왕실 칙령, 수상령, 정부 규정 및 부령에 저촉되어서는 안 된다.

## 3. 입법절차

### 1) 개요

이 장에서는 입법절차를 좁은 의미 및 넓은 의미에서 상술하고자 한다. 좁은 의미의 법률안은 국회가 채택하고 상원이 승인한 이후 국가 수장이 공포한다. 국회는 1993년부터 구성된 반면에 상원은 1999년부터 존재해 왔다. 법률의 발효 시기는 앞의 〈표 4〉와 같다.

넓은 의미로 법률은 협의의 법률과 국가 수장, 수상 및 각 부처 장관 등이 공포하는 기타 모든 법규정을 포함한다. 정부 법규정의 발효일은 서명일이며 법체계상 하위 법규정도 마찬가지다.

캄보디아 헌법은 국회, 상원 및 수상에게 입법 권한을 부여한다.[17]

### 2) 입법절차

#### (1) 입법기관이 발의하는 법안

이론상 국회의원은 법률을 입안할 권한이 있다. 이와 관련해 국회 상임위원회가 법률을 입안하는 역할을 한다. 법안은 국회 전문위원회에 제출하여 심의를 거친다. 국회 전문위원회에서 심의를 마친 후, 법안은 국회 본회의에서 논의된다. 이후 상원에 제출해 심의

---

17) 『캄보디아 건국헌법』 제91조-신설

및 승인절차를 거친다. 상원이 법률을 승인하면 국가 수장이 공포한다. 국회의 입법 발의는 매우 드물다. 아주 드문 일례로 2006년에 공포된 『일부일처제법』은 국회가 발의했다. 아래 [그림 4]는 국회를 통한 입법과정을 간략히 보여준다.

[그림 4] 국회를 통한 입법과정

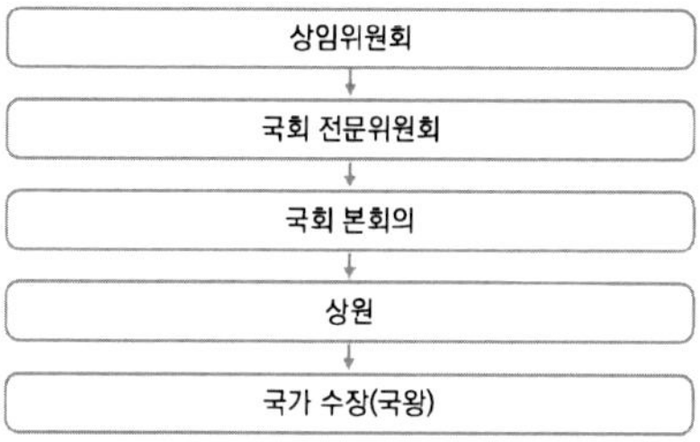

```
상임위원회
   ↓
국회 전문위원회
   ↓
국회 본회의
   ↓
상원
   ↓
국가 수장(국왕)
```

캄보디아 헌법은 상원의 법률 입안을 허용한다. 우선 상원 상임위원회가 법률안을 작성하여 국회 전문위원회에 제출한다. 상원의 입법 과정은 위에 설명한 국회가 발의하는 법률의 입법과정과 동일하다. 현재까지 상원이 발의한 법률은 없으며 국회가 제출한 법률은 모두 승인하였다. 아래 [그림 5]는 상원을 통한 입법과정을 간략히 보여준다.

[그림 5] 상원을 통한 입법과정

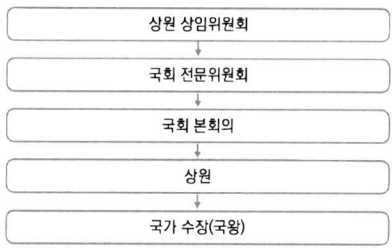

### (2) 행정기관 발의 법률

수상은 법률안을 제안하는데 중요한 역할을 한다. 보통 각 부처는 총괄 및 기술 부서를 통해 법률안을 작성한다. 부처 내부에서 법률안을 협의 및 승인하면 법률 전문가위원회에 제출해 추가 협의를 거치고 이후 각료 회의에서 논의한다. 각료 회의에서 승인한 법률안은 수상이 서명하여 국회에 제출한다. 국회 전문위원회는 법률안을 검토하고 필요한 경우 수정을 요청할 수 있다. 국회 전문위원회에서 검토를 마치면 법률안을 국회에 제출해 본회의에서 심의를 거쳐 채택된다. 일반적으로 법률안의 채택은 국회 출석의원 절대다수로 결정되나, 개헌의 경우에는 국회 재적의원 3분의 2의 찬성투표를 필요로 한다. 국회에서 채택한 이후 법안은 상원이 검토 및 비준한다. 최종적으로 국가 수장이 법안에 서명한다. 아래 [그림 6]은 수상을 통한 입법과정이다.

[그림 6] 수상을 통한 입법과정

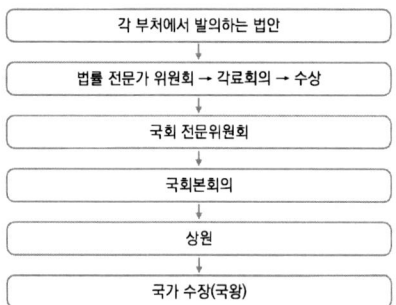

### (3) 행정기관이 제정하는 법규정

캄보디아에서 행정부는 법규정을 제정할 전권이 있다. 이 장에서는 캄보디아 법체계상 수상 및 각 부처장관들이 제정하는 법규정이 마련되는 과정을 설명하고자 한다.

정부 또는 수상이 제정하는 법규정은 관련 부처가 해당 법규정의 초안을 작성한다. 법규정이 여러 부처와 관련이 있는 경우에는 해당 법규정 초안은 관련 부처간 내부 협의를 거쳐야 한다. 법규정이 관련 부처간 최종 협의를 거쳐 승인되면, 주무부처 장관이 법규정 초안을 법률 전문가위원회에 제출해 검토하도록 한다. 법률 전문가위원회가 검토를 마치면 법규정 초안은 각료회의에서 협의한다. 각료회의에서 승인한 법규정은 수상이 서명하고, 수상이 서명한 날 발효된다. 아래 그림은 시행령 및 기타 정부 법규정의 입법과정이다.

[그림 7] 시행령 및 기타 법규정 입법과정

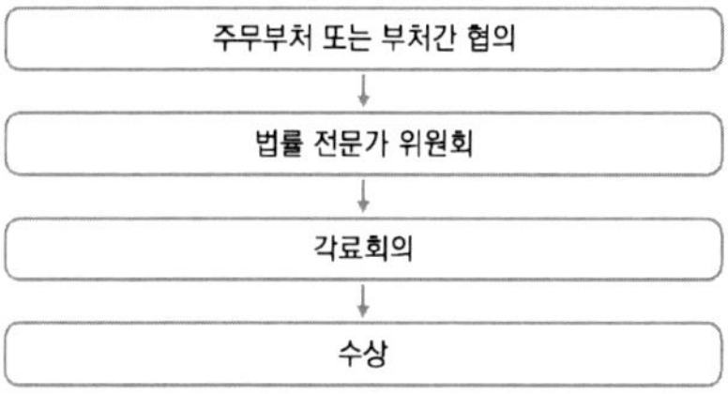

```
주무부처 또는 부처간 협의
          ↓
    법률 전문가 위원회
          ↓
        각료회의
          ↓
          수상
```

부처 규정의 경우에는 관련 부서가 규정 초안을 작성한 후 각 부처의 입법국에서 협의한다. 협의를 통해 승인한 규정 초안은 장관에게 제출해 서명하고, 서명한 이후 시행된다. 아래 그림은 부처 법규정의 입법과정이다.

[그림 8] 부령 입법과정

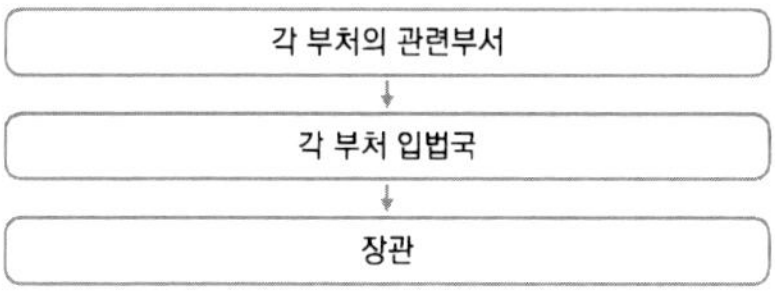

```
   각 부처의 관련부서
          ↓
      각 부처 입법국
          ↓
          장관
```

모든 법률, 정부 규정, 부처 규정은 왕립관보[18]에 게재되어야 한다. 아래 그림은 법률 및 기타 법규정의 게재 과정을 간략히 보여준다.

[그림 9] 법률 초안 작성에서 게재까지의 흐름도

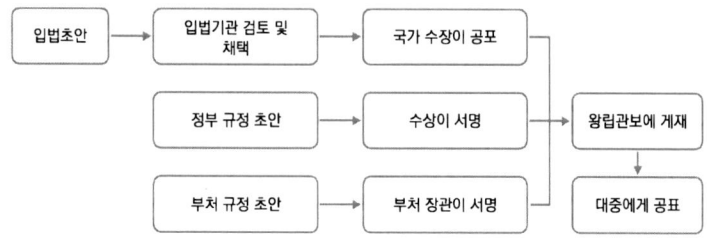

## 4. 캄보디아 주요 법률

### 1) 개요

캄보디아 법률의 기둥은 헌법, 민법, 형법, 민사소송법 및 형사소송법이며, 이들 주요 법률은 1993년 정치적 화해의 결과로 최근에 제정되었다. 형법 및 형사소송법의 초안 작성에는 프랑스 정부가 기술 지원을 한 반면, 민법 및 민사소송법의 초안 작성과 두 법률 및 관련규정에 대한 교육 및 배포에는 일본 정부가 전적인 지원을 하였다.

### 2) 헌법

캄보디아의 현행 헌법은 1993년 5월 실시된 선거 이후 같은 해 9월 24일에 제정되었

---

18) 『캄보디아 건국헌법』 제93조-신설

다. 첫 헌법은 16 장 139조로 되어있다. 8차 개헌을 거쳐 헌법은 16장 158조로 조항이 증가했다. 개헌 시도는 정치적 교착상태를 해결하려는 시도이다.

헌법은 정치적 타협을 모색하고자 입안되었다. 승리한 당의 대표자들이 헌법에 포함될 핵심조항들을 시간을 들여 논의했다. 예를 들어 헌법은 입법군주제19)에 영향을 주는 개정 일체를 금지한다.

### 3) 민법

일본 민법에 그 근간을 두는 캄보디아 현행 민법은 1999년 시작된 일본 정부의 전적인 지원 및 원조를 받아 2007년 12월 8일 공포되었다. 일본 전문가들을 초청하여 캄보디아의 책임자들과 협의 및 업무 협력을 하였고, 이후 캄보디아 책임자들은 일본을 방문해 일본의 법체계와 민법, 기타 관련 법률 및 법규정의 실제 적용에 대한 연수를 받았다. 민법은 2007년에 공포되었지만 실제 적용에는 좀 더 많은 시간이 필요하다.

민법은 9권 1,305개 조항으로 구성된다. 제1권은 사법의 일반적인 원칙을 주로 다루는 총칙이고 제2권은 사인과 법인 개념을 상술한다. 제3권(총 9장)은 물권을, 제4권(총 9장)은 채무를 규정한다. 제5권(총 16장)은 특정 유형의 계약 및 불법행위를 명시하고, 제6권(총 8장)은 유가증권을, 제7권(총 8장)은 친족관계를, 제8권(총 8장)은 상속을, 마지막 9장은 민법 시행을 위해 필요한 다른 법률에 대한 조항을 명시하고 있다.

민법을 시행하기 위해서는 특별한 법률이 필요하다. 『민법 시행에 관한 법률』은 2011년 5월 31일 공포되었지만 발효일부터 기산해 6개월 후에 시행되었다는 점이 주목할 만하다. 따라서 민법은 2011년 12월 21일에 시행되었고, 민법 조항과 모순되는 특별법의 조항은 『민법 시행에 대한 법률』로 폐지되었다.

---

19) 『캄보디아 건국헌법』 제17조

4) 형법

캄보디아 형법은 2009년 11월 30일에 공포되었다. 프랑스 정부가 형법 초안 작성을 지원하였다.

주목할 사항은 형법은 2009년 12월 21일에 전국적으로 시행되었지만 제1권인 총칙만이 적용되었고 나머지 조항은 1년 후인 2010년 12월 21일에 시행되었다는 것이다. 신종범죄에 대응할 종합적인 형사법을 필요로 하는 캄보디아 사회의 요구가 커지면서 이에 대응해 프랑스 정부는 1998년부터 캄보디아 책임자와 협력하여 형법 초안을 마련하였다.

형법은 6권 672개 조항으로 구성된다. 제1권은 총칙, 제2권은 대인범죄, 제3권은 대물범죄, 제4권은 국사범, 제5권은 경과규정, 마지막 장인 제6권은 최종규정을 명시한다.

5) 민사소송법

민법과 마찬가지로 민사소송법은 일본 정부의 지원을 받아 초안이 작성되고 개발되었다. 민사소송법은 2006년 7월 6일 공포되었으나, 그 적용은 시행 1년 후에 시작되어 2007년 7월 27일부터 적용되었다.

민사소송법은 9권 588개 조항으로 구성된다. 제1권은 민사소송 총칙, 제2권은 1심 법원의 절차, 제3권은 항소, 제4권은 재심, 제5권은 독촉절차, 제6권은 강제집행, 제7권은 보전조치, 제8권은 경과규정, 마지막 장인 9장은 최종규정을 명시한다.

6) 형사소송법

캄보디아 형사소송법은 2007년 8월 10일 공포되었다. 형사법과 마찬가지로 프랑스 정부의 지원을 받아 초안이 마련되었다. 캄보디아는 형사소송법 수립에 있어 프랑스 정부로부터 많은 도움을 받았다. 형사소송법 초안을 마련하는 기술협력은 1994년에 시작되었다. 민사소송법과는 달리 형사소송법은 2007년 8월 31일 시행된 직후 전국적으로 적용되었다.

형사소송법은 11권으로 구성된다. 제1권은 형사 및 민사소송, 제2권은 공소, 수사 및 신문권을 위임받은 당국, 제3권은 경찰조회, 제4권은 사법수사, 제5권은 판결, 제6권은 대법원, 제7권은 인용, 소환 및 통지, 제8권은 집행절차, 제9권은 특별소송, 제10권은 경과규정, 마지막인 11권은 최종규정을 명시한다.

아래 표는 4개 핵심 법률인 민법, 민사소송법, 형법 및 형사소송법 초안 마련에 기술지원을 한 국가를 보여준다.

〈표 5〉 핵심 법률 및 기술지원 국가

| 번호 | 법전 | 기술지원국 | 협력 시작년도 |
|---|---|---|---|
| 1 | 민법 | 일본 | 1999년 |
| 2 | 민사소송법 | 일본 | 1999년 |
| 3 | 형법 | 프랑스 | 1998년 |
| 4 | 형사소송법 | 프랑스 | 1994년 |

## 5. 캄보디아 법률 정보센터

캄보디아 법률 및 법규정은 왕립관보 및 인터넷 서비스국(General Department of the Royal Gazette and Computer Service)이 관리하는 왕립관보에서 이용할 수 있다. 왕립관보는 보통 일주일에 2회 발행된다. 1부는 약 5,000리엘(KHR)로, 달러로는 1.25달러이며 일반 대중도 구매 할 수 있다.

왕립관보 및 인터넷 서비스국은 관보를 CD롬으로 제작해 왔다. 2014년 전까지는 매년 5개의 CD를 제작하였으나 2014년부터는 매년 4개만 제작하며, CD 하나당 가격은 10달러로 일반 대중도 구매할 수 있다.

왕립관보 및 인터넷 서비스국은 현재로서는 모든 법률 및 법규정을 온라인으로 게시하지 못하고 있다. 일부 법률 및 법규정은 각 정부부처의 홈페이지에서 온라인으로 이용할 수 있으나 온라인으로 이용 가능한 각 부처의 업무와 관련된 법률 및 규정은 많지 않다.

# 필리핀 법률제도 개관

Alizedney Ditucalan

# 필리핀 법률제도 개관

Alizedney Ditucalan*

## 1. 들어가며

　스페인 사람들이 필리핀에 들어 오기 훨씬 전부터 필리핀 섬들의 원주민들은 자체 법률제도를 가지고 있었다. 스페인 점령 이전의 필리핀에는 불문법 및 성문법이 존재했다. 일반적으로 불문법은 세대에서 다음 세대로 전해지는 풍습과 전통이었다.[1] 성문법은 지배자(Datu)가 공포했다. 마라그타스법전(Code of Maragtas)과 파나이 섬의 Kalantiaw법전을 제외하면 필리핀인들의 고대 성문법은 사라졌다. 서양의 근대 법률 제도가 도입되었지만 이러한 불문율의 풍습과 전통은 법원에서 강제할 수는 없으나 여전히 소수인 방사모로족을 비롯한 토착민들에게 구속력 있는 명령으로 지켜지고 존중되고 있다.

　행정의 단위는 바랑가이(barangay)로 사실상 족장인 다투(datu)가 수장이었다. 바랑가이는 약 30~100 가구가 사는 촌락으로서 서로 독립적이었다. 다투는 정부의 모든 권한을 행사했는데 평시에는 행정권 및 입법권과 재판관을, 전시에는 총사령관 역할을 했다. 법률 공포, 사건 재판, 전쟁 선포 및 다른 바랑가이와 조약 협상과 같은 핵심사항에 대해 다투를 돕고 자문하는 원로들이 있었다.

---

\* 필리핀 민다나오 주립대학교 법과대학(Mindanao State University College of Law) 학장. 이 글은 2016년 발간된 Legal Systems of Asia: A Short Guide에 실린 Introduction to Philippine Law를 최신 개정 및 변화 등을 반영하여 국내 독자들을 위해 국문으로 번역, 편집한 것임을 알림.
1) 예시로 Meranao의 *ijma*와 *taritib*는 필리핀 남부에서 Meranao족이 현재까지 지키고 있다.

스페인과 그 뒤를 이어 미국이 들어오면서 필리핀제도 주민들의 토착 법질서 생태계를 사실상 전면적으로 바꿔놓았다. 그 결과 대륙법과 보통법이 결합된 필리핀의 근대 법률제도가 탄생했다.

## 2. 역사적 발전

### 1) 스페인 통치기

필리핀에 대한 스페인의 첫 습격은 포르투갈 탐험가인 페르디난드 마젤란이 1521년 3월 세부에 상륙한 것이다. 이 탐험은 마젤란이 인근의 섬인 막탄(Mactan)에서 추장 라푸라푸의 손에 때 이른 죽임을 당하면서 끝났다. 마젤란이 사망한 후 펠리페 2세(그의 이름에서 필리핀의 국가명이 유래함)는 원정대를 세 차례 더 파견했으나 모두 처참히 실패했다. 미겔 로페스 데 레가스피가 이끈 원정대가 마침내 1565년 세부에 정착지를 세웠고, 이후 1571년에 마닐라에 스페인 점령지를 수립했다. 16세기 말까지 루손섬 해변과 저지대 및 민다나오 북쪽 대부분이 스페인 통치에 들어갔다.

1565년부터 1898년까지 필리핀은 스페인 식민지였고 다른 모든 스페인 식민지와 마찬가지로 이 시기에 적용된 주요 법률은 *Siete Partidas*, *Nueva Recopilación* 및 *Recopilación de las Leyes de las Indias*였다. 식민지의 최고 사법기관은 로얄 아우디엔시아(*Royal Audiencia*: 고등사법재판소)로 1584년에 설립됐고 총독이 수장을 맡았다. 1861년에 아우디엔시아가 개편되어 민사법원(*Sala de lo Civil*)과 형사법원(*Sala de lo Criminal*) 2개로 나뉘었고, 수석재판관이 수장이 되고 재판관 8인이 법원을 구성했다. 1893년에 추가 조직개편을 통해 세부와 비간에 지역 아우디엔시아가 설립되었고, 이 아우디엔시아에 대한 상소심 재판권은 마닐라 아우디엔시아에 있다. 아우디엔시아 아래에는 하급법원인 1심 법원(1886년 설립) 및 치안법원(1885년 설립)이 있었다. 이 사법 구조가 1980년대까지 남아있었다는 점이 흥미롭다. 왕은 칙령으로 아우디엔시아의 법관들을 임명했다. 보통 총독이 수장이

되어 하급법원의 판사를 임명하고 아우디엔시아에 법관을 충원할 권한을 부여 받았다.

## 2) 미국 통치기 및 대륙법과 보통법의 결합

1898년 2월 15일 밤에 일어난 폭발이 아바나(Havana)항에 정박해 있던 미군전함 메인호의 선원 선실을 강타했고, 이 폭발로 인해 244명이 즉사했다. 해군차관 테오도어 루즈벨트는 이 사건을 스페인의 탓으로 돌렸고 이 소식은 주요 보수 언론사의 관심을 끌었다.[2] 전쟁을 원하는 미국인의 정서를 인지한 스페인 여왕 마리아 크리스티나는 미군의 우세한 전력을 고려할 때 패배가 예상되었기에 이를 피하기 위해 미국과 화해하기를 원했다. 그러나 불행히도 1898년 4월전쟁이 발발했다. 1898년 4월 19일 미국 의회가 스페인과의 전쟁을 결의함에 따라 미 해군장관은 일본에 소규모 군대를 주둔시키고 있던 조지 듀이 제독에게 그 당시 스페인 통치를 받던 필리핀으로 전진하도록 명했다. 1898년 5월 1일 듀이 제독은 필리핀으로 진군했다. 2시간의 교전에서 노후된 스페인 함대가 바다에 침몰했다. 윌리엄 맥킨리 미국대통령은 필리핀을 식민지로 삼을지 그냥 둘지를 두고 고심했고, 결국 1898년 10월 26일 파리에 있던 교섭단에게 필리핀제도 전체를 관할하기를 원한다고 지시했다. 1898년 12월 10일 마침내 스페인과 미국은 쿠바의 독립을 인정하고 필리핀, 괌 및 푸에르토리코를 미국에 양도하는 파리조약을 체결했다.[3] 필리핀은 미국령이 되었고 군정이 시작되었다.[4] 1899년 2월 필리핀-미국 전쟁이 발발했을 때 전쟁 수행의 책임은 미 국무부에서 육군성으로 이전되었다.[5] 육군성은 미국정부의 일부 원칙

---

[2] 루즈벨트는 삼두정치체제의 1인으로 쿠바 저항세력의 독립 쟁취를 지원하고 필리핀을 점령하기 위해 윌리엄 맥킨리 대통령을 조종해 스페인과의 전쟁을 선포했다. 이 과정에서 신생 필리핀 공화국을 짓밟았다. Pacifico A. Agabin, Mestizo: The Story of the Philippine Legal System(University of the Philippines College of Law, 2016), p. 169

[3] Pacifico A. Agabin, Mestizo: The Story of the Philippine Legal System(University of the Philippines College of Law, 2016), p. 169-179; Stanley Karnow, In Our Image: America's Empire in the Philippines, (1989년 Pocketbook ed.) and Robert Cumings, Dominion from Sea to Sea: Pacific Ascendancy and American Power(Yale, 2010년) 참조

[4] 군사정부의 수장은 커스터 장군과 함께 인디언에 대항에 싸웠던 참전용사인 웨슬리 메릿 제독이었다.

[5] 육군성의 수장은 하버드에서 수학한 변호사인 엘리후 루트였다.

은 법치에 필수이며, 원주민을 "개화(civilize)"하기 위해서는 미국 헌법상의 헌법적 기준을 준수해야 한다고 태프트 위원회(Taft Commission)6) 위원들에게 상기시켰다. 맥킨리 대통령은 필리핀위원회의 수장이었던 지방판사 윌리엄 하워드 태프트에게 미국 헌법 개념인 '적법절차(due process)'를 필리핀 정부에 도입하도록 지시했다.7) 정부 수립의 과업을 갖고 있던, 흔히 태프트 위원회라고 알려진 제2기 필리핀위원회에는 입법 및 행정적 기능이 주어졌고 미국이 장악한 대법원에는 사법기능이 부여됐다.8)

듀이 제독이 마닐라만에 입성했을 때 미군은 필리핀제도가 스페인 법률 치하에 있음을 알았다. 1889년 스페인 민법, 1888년 민사심리법, 1887년 형법, 1888년 형법, 1889년 저당권법, 1888년 상법, 1866년 영해법과 스페인 왕국의 여러 칙령 및 규칙이 당시 시행 중이었다.9) 새로운 식민열강이 자국의 법률을 시행하고자 하는 것은 자명한 것으로, 미국은 필리핀위원회에 입법권을 부여함으로써 미국의 법률과 보통법 원칙을 뿌리내리고자 했다. 스페인식 법 교육을 받은 판사 및 변호사협회 회원들의 반대에도 불구하고 영미 보통법 원칙은 급속도로 확실하게 채택되었다.10) 초기사례(1908년)에서 현지 여건에 적용할 수 있는 건전한 원칙에 근거하며 기존법을 위반하지 않는 경우를 제외하면 영미 법학에서 유래한 원칙은 필리핀 법원에 대해 법적 구속력이 없었다.11) 그러나 미국의회가 새 법률을 제정하고 새로운 기관들을 설립하면서 곧 보통법의 여러 규칙과 원칙이

---

6) 제2기 필리핀위원회의 수장은 윌리엄 하워드 태프트였다. 태프트 위원회의 임무는 필리핀 정부의 군정에서 문민통치로의 변경을 감독하는 것이었다. 5인으로 구성된 위원회는 1898년 스페인-미국 전쟁 이후 스페인이 필리핀을 미국에 이양한지 채 2년이 되지 않은 1900년 9월 1일에 입법권을 갖게 됐다.
7) 적법절차 문제가 제기된 대법원의 첫 판결은 경찰권이 재산권의 우위에 있음을 확인했다. U.S. v. Ling Su Fan, 10 Phil. 104(1908) 참조
8) Pacifico A. Agabin, Mestizo: The Story of the Philippine Legal System(University of the Philippines College of Law, 2016년), p. 169-179; Stanley Karnow, In Our Image: America's Empire in the Philippines, (1989년 Pocketbook ed.) 및 Robert Cumings, Dominion from Sea to Sea: Pacific Ascendancy and American Power(Yale, 2010년) 참조
9) H. Lawrence Noble, Development of Law and Jurisprudence in the Philippines, 8 A.B.A. J. 226(1922) 참조
10) 상게서
11) 미국 대 Cuna 사건, 22 Phil. 241

사실상 필리핀제도에 도입되었다.12) 미국법을 본 뜬 법률이 유입되면서 대법원은 이들 법률을 미국 판례법에 따라 해석할 수밖에 없었다.13)

*Alzua* 대 *Johnson* 사건14)에서 필리핀제도 대법원15)은 필리핀제도에서 보통법 원칙의 적용성을 논의할 기회가 있었다. *Alzua*는 마닐라 1심 법원이 고소에 대한 이의제기를 인정한 판결에 대한 항소사건이다. 고소인은 필리핀제도의 대법원 판사를 주요 공직자의 부패 및 비위 혐의의 피고인으로 고소했다. 필리핀제도 대법원은 재판관 Adam Clarke Carson16)의 연설을 통해 다음과 같이 설명했다:

"영미법이라 알려진 보통법이 필리핀제도에서 시행되지 않고 현지여건에 적용할 수 있는 건전한 원칙에 근거하고 기존법을 위반하지 않은 경우를 제외하면, 영미법에서 유래한 원칙도 필리핀 법원에 대해 법적 구속력이 없다는 것은 사실이다"(미국 대 Cuna, 12 Phil. Rep., 241); 그럼에도 불구하고 미국의회에 의하여 또는 의회의 권한으로 새 법률이 제정되고 새로운 기관이 수립된 결과, 보통법의 많은 규칙과 원칙이 사실상 필리핀 법제도에 도입되었다."17)

---

12) H. Lawrence Noble, 상게서
13) 다음 사건을 참고할 것. *Algarra* 대 *Sandejas*사건[G.R. No. 8385, 1914년 3월 19일]에서 대법원은 스페인민법과 미국법에 따라 피해보상금 개념을 적용하였다. Lambert 대 Fox사건[G.R. No. 7991, 1914년 1월 29일]참고. 이 사건에서 항소인은 주식매도권을 중지한 계약은 불법규정이고 거래제한이므로 공익질서를 위반한다고 주장했다. 이 주장은 인정되지 않았으나 미국이 필리핀제도의 영토를 지배했기 때문에 거래제한을 공익질서에 반하는 것으로 보는 합의개념이 계약법소송을 형성하기 시작했다. Pacifico A. Agabin, Mestizo: The Story of the Philippine Legal System(University of the Philippines College of Law, 2016). p. 179
14) *Alzua* vs. *Johnson*, G.R. No. 7317, [1912년 1월 31일], 21 PHIL 308-398
15) 필리핀제도 대법원이라는 용어는 필리핀 독립이전의 대법원을 의미한다.
16) 재판관 Adam Clarke Carson은 아일랜드인으로 1885년 미국으로 건너가 버지니아대학교에서 법학학위를 취득했다. 1901년부터 1904년까지 필리핀제도에서 1심 법원의 판사로 일하기 시작했다. 이후 1904년부터 1920년까지 필리핀제도 대법원에 임명되었다.
17) *Alzua* vs. *Johnson*, G.R. No. 7317, [January 31, 1912], 21 PHIL 308-398

법원은 더 나아가 다음과 같이 언급했다. "이들 법은 그 법이 유래한 보통법의 도움을 통해서만 해석 및 적용될 수 있다. 미국의 통치하에 필리핀제도에 도입된 일부 기관에 숨결을 불어 넣기 위해서는 보통법의 규칙 및 원칙에 의지해야만 한다."[18] 이후 *In re Shoop*사건에서 필리핀제도 대법원은 필리핀 보통법의 발전을 설명하면서 한 걸음 더 나아갔다.[19] 법원에 따르면 필리핀보고서에 게재된 최근 사례, 특히 지난 몇 년간의 사례를 조사한 결과 이른바 필리핀 보통법의 형성에 있어 영국 및 미국 당국에 대한 의존성이 증가했다. 최근 사례의 두 부류―스페인 법령이 적용된 사례와 미국-필리핀 법령이 적용되고 주권 변경에 영향을 받은 사례―를 분석한 결과, 영미 판례법이 사실상 법률분야의 모든 주요 주제에 도입되었고 이 주제의 대부분이 현지 법학의 발전에 있어 본 법원을 지도(guidance)한 유일한 근거가 되었다.[20] Agabin 다음과 같이 논평했다. "미국의 권위를 확고히 하고 문민정부를 수립할 긴급성 때문에 필리핀 대법원은 공법에서 보통법 개념을 사용할 수밖에 없었다. 그러나 스페인이 도입한 형법은 공법분야에서 보통법의 맹공으로부터 살아남았다.[21] 미국식 민주주의 및 공화주의 개념에 배치되는 것으로 여겨지는 일부를 제외하고 기존 사법도 그대로 유지되었다.[22]

그럼에도 불구하고 미국 법률 및 보통법 원칙의 도입은 스페인이 남긴 주요 법률을 대체하기 보다는 보완했다. 근본적인 이유는 편의성이다. 대륙법계 사법 및 형법의 폐지는 300년 이상 지속된 스페인 점령 기간 동안 대륙법 체제하에 있던 이 새로운 식민지의 관리를 매우 어렵게 할 것이었다. Agabin에 따르면 "정치적 요구나 스페인의 항의에 영향을 받아서 대륙법계 사법을 유지한다는 결정이 내려진 것이 아니다. 왜냐하면 미국은

---

18) 상동
19) (In re: Shoop, [1920년 11월 29일])
20) 상동
21) 사실 미국점령 후, 당시 육군사령관인 메릿 제독은 성명서를 통해(1898년 8월 14일) 형법전의 효력을 유지하도록 명령했다. (Jose A. Javier, A Short Study of the Philippine Revised Penal Code, 14 Phil. L.J. 161(1934년)
22) 예를 들면, 군사일반명령 68호는 스페인의 영향을 받아 교회결혼만을 인정한 결혼법을 대체했다. 이후 미국이 뉴욕 및 캘리포니아 규칙을 토대로 민사소송법을 공포하여 절차규정을 개정하였다.

스페인을 물리치고 공식적인 평화 및 인수조약을 통해 양도받았기 때문이다. 긴급하게 식민지 관리를 할 필요로 인해 미국인들은 필리핀에서 대륙법계 사법을 유지할 수밖에 없었다."[23] 대체가 아닌 보완 전략은 보통법과 대륙법의 교류를 촉발했고 현대 필리핀 법률제도를 탄생시켰다. 필리핀 경쟁법의 진화는 이 과정의 주요 일부이다.

## 3. 필리핀의 현행 법률제도

필리핀의 현행 법률제도는 대륙법과 보통법 법률제도의 융합체이다. 독립을 쟁취한 후 의회가 개정 또는 폐지한 법률을 제외하고 식민기간 동안 시행된 법률은 필리핀의 법규명령으로 남았다. 관습법 또는 식민지 이전의 법규명령은 성문화된 적이 없다. 필리핀의 이슬람교인들 사이에서는 이슬람법(Shari'a)이 시행되나 이 법은 대인 및 가족관계(결혼, 자산 및 상속)에만 관련된다. 전세계의 세가지 주요 법률제도가 혼합되어 필리핀의 하이브리드 법률제도를 만들어 냈다.

## 4. 현대 필리핀 법률제도의 근원

필리핀 헌법 및 법령(필리핀 국회가 채택한 법률)은 필리핀 법률의 주요 법원(法源)이다. 집행 또는 행정법률, 명령, 조례 및 규정은 국회가 채택한 법률이나 헌법에 위배되지 않는 경우에만 효력이 있다. 필리핀 민법에 따라 법률 또는 헌법을 적용 및 해석하는 판결문은 법률제도의 일부가 된다. 필리핀 정치제도의 변경으로 인해 필리핀에서 주요 법원(法源)으로 여겨지는 법령은 코먼웰스 법률(Commonwealth Act), 법률(Act), 의회법

---

23) Agabin, p. 194

(*Batas Pambansa*), 대통령령, 행정명령 및 공화국법과 같이 다양한 법적 명칭(nomenclatures)이 있다. 그러나 이들 법령 중 일부는 1987년 헌법에 따라 필리핀의 현재 양원제 의회에 의해 이미 폐지 또는 개정되었고, 현재 의회가 제정한 법률은 법명에 공화국법이 들어간다.

아래 〈표 1〉에 제시한 법률체계상 필리핀 헌법은 집행법 또는 행정법률, 명령, 조례 및 규정을 포함한 모든 법이 따라야 할 최고법으로서 헌법에 배치되는 경우에는 법원에서 위헌으로 판결할 수 있다. 필리핀에서 법률은 합헌추정성 원칙을 향유하며 법원에서 위헌판결이 나기 전까지는 효력을 유지하고 시행 가능하다.

『1987년 필리핀공화국 헌법』에 따라 법률, 행정명령, 규정 등의 합헌성 문제를 심사할 권한은 필리핀 대법원뿐 아니라 대법원의 최종심사를 거쳐 하급법원에도 있다. 그러나 사실상 극히 중요한 헌법상의 쟁점은 보통 대법원에 직접 제기된다. 사법결정을 할 적합한 사건이 있는 경우에 법원은 규칙, 규정, 조례 혹은 행정명령과 같은 하위법령이 성문법 또는 헌법과 합치하는지 여부를 결정할 수 있다. 법률의 합헌성 문제는 이송명령, 직무집행영장 또는 금지영장 등의 특별 민사소송과 같은 주요 법적 조치나 상소 혹은 계류 중인 소송에서 부차적인 문제로 언제든지 제기할 수 있다.

필리핀에서는 보통법의 선례구속의 원칙이 준수된다. 하급법원은 최종 판결 시 대법원이 수립한 원칙을 준수해야만 하고, 이를 수직적 선례 구속성이라 한다. 그러나 대법원이 자체 판결을 재검토 혹은 심사 할 수 있고 이전에 내린 최종 결정을 폐기하거나 수정할 수 있기 때문에 필리핀 법률제도에서 수평적 선례 구속성은 준수되지 않는다. 유일한 예외는 대법원 전원 배석하에 내려진 결정만이 심판부가 내린 결정을 수정하거나 폐기할 수 있다고 규정한 헌법 조항이다.

필리핀이 선례구속원칙을 준수함에도 불구하고, 의회는 헌법해석에 관련된 사항을 제외하고 확정된 법리에 위반되거나 반대되는 법률을 전권으로 제정할 수 있다.

⟨표 1⟩ 필리핀 법령체계

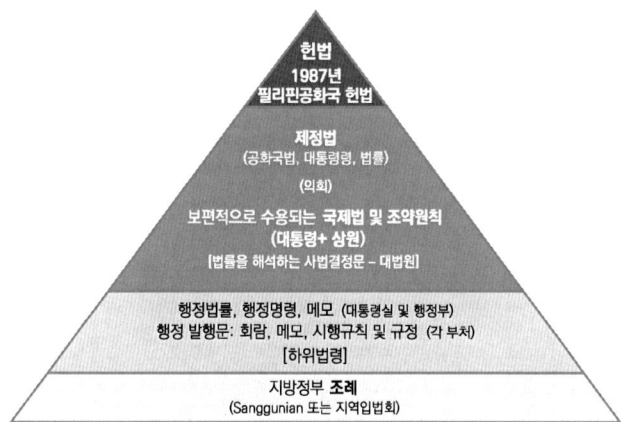

## 1) 법령 분류

### (1) 헌법

필리핀에서 현재 시행 중인 헌법은 「1987년 필리핀공화국 헌법」이다. 이 헌법은 주요 3부(部)인 행정부, 입법부 및 사법부에 권력이 배정되고 동등하게 분배되는 대통령제 정부형태를 규정하고 있다. 필리핀공화국 헌법은 대체로 미국 헌법의 틀을 따랐는데, 이것이 필리핀 헌법원칙 및 해석의 기원을 미국 입헌주의에서 찾을 수 있는 이유이다. 과거에 필리핀에서 시행된 헌법은 「말롤로스 헌법」(Malolos Constitution), 「1935년 헌법」, 「1973년 헌법」 및 「자유헌법」(Freedom Constitution)이다. 과거 헌법들 중 「1935년 헌법」과 「1973년 헌법」만이 입헌 민주주의하에 필리핀에서 정식으로 시행되었다. 「말롤로스 헌법」 및 「자유헌법」은 혁명적인 헌법이다.

〈표 2〉

| | |
|---|---|
| • 제1장 국가영토 | • 제2장 원칙과 국가정책 선언 |
| • 제3장 권리장전 | • 제4장 국적 |
| • 제5장 참정권 | • 제6장 입법부 |
| • 제7장 행정부 | • 제8장 사법부 |
| • 제9장 헌법위원회 | • 제10장 지방정부 |
| • 제11장 공무원의 책임 | • 제12장 국가경제와 국가재산 |
| • 제13장 사회정의와 인권 | • 제14장 교육, 과학과 기술, 예술, 문화 및 스포츠 |
| • 제15장 가족 | • 제16장 일반조항 |
| • 제17장 개정 또는 수정 | • 제18장 임시조항 |

「1987년 필리핀공화국 헌법」은 독재자인 페르디난도 마르코스 대통령을 축출한 시민혁명의 산물이다. 계엄정권 치하에서 필리핀의 경험을 토대로 만들어졌기 때문에 「1973년 헌법」을 대체한 「1987년 필리핀공화국 헌법」은 현저히 보호주의적이자 국수주의적이다. 이 헌법은 사법심사권을 확장하여 매우 강력한 사법부를 규정했다. 현행 헌법은 전세계에서 가장 장황한 헌법 중 하나이다. 〈표 2〉에서 알 수 있듯이 「1987년 필리핀공화국 헌법」은 전문 및 별표 조례를 제외하고 18장으로 되어 있다.

「1987년 필리핀공화국 헌법」은 필리핀 공화국의 조직 구조를 설명하고, 정부의 3대 부(部)에 권한을 부여하며 시민의 기본권을 규정한다. 아울러 과학, 기술, 예술, 문화 및 스포츠에 관한 조항도 있으나 「1987년 헌법」을 비판하는 사람들은 이 조항은 불필요하다고 평한다.

(2) 공화국법(Republic Acts)

공화국법은 현행 헌법과 「1935년 헌법」 체제 아래에서 필리핀 의회가 채택한 법률 형태의 법들이다. 새로운 민법에 규정되어 있듯이 필리핀에서 법률은 관보나 전국 신문에 게재된 후 15일 후부터 효력이 발생한다. 하위법령에 대해서도 게재는 필수요건이다. 공화국법 1호는 필리핀 코먼웰스(Commonwealth)의 운영을 위한 자금책정법이다.

### (3) 의회법(*Batas Pambansa*); 대통령령 및 행정명령

의회법(*Batas Pambansa*)은 『1973년 헌법』 체제 동안 *Batasang Pambansa*, 즉 의회가 채택한 법률의 법적 명칭이다. 대통령령이란 계엄정권하에서 마르코스 대통령이 입법권한을 행사해서 공포한 법을 말한다. 마르코스 대통령은 포고령 1081호로 1972년 9월 21일 필리핀에 계엄령을 선포했다. 『1973년 헌법』은 계엄령의 산물이었다.

의회가 확실하게 폐지한 법령을 제외하고 대통령령 중 일부는 마르코스가 시민혁명에 의해 축출된 이후에 『1987년 헌법』이 새롭게 채택되었음에도 불구하고 여전히 유효하고 시행가능 하다. 코라손 아키노(Corazaon Coquanco Aquino) 대통령이 혁명정부하에서 필리핀의 새로운 대통령으로 취임했을 때 아키노 대통령은 흔히 『자유헌법』이라 알려진 임시헌법을 공포했다. 임시헌법은 아키노 대통령에게 입법권과 행정권을 모두 부여하였다. 『1987년 헌법』이 비준되기 전, 그리고 아키노 대통령이 여전히 두 권한을 가지고 있을 당시에 그가 공포한 법률은 행정명령(Executive Orders)이라 불린다. 전임자들이 제정한 법률과 마찬가지로 아키노 대통령이 공포한 법률은 현재까지 대부분 좋은 법으로 남아있다.

### (4) 국제법 및 조약 또는 국제협정

보편적으로 수용되는 국제법의 원칙은 자동으로 필리핀 법률의 일부가 된다. 『1987년 헌법』 제2장 제2조 통합조항에 따라 관습적인 국제법은 의회가 국내 법령으로 채택하는 절차 없이 자동으로 권리와 의무의 근원이 된다. 그러나 국내법과 "보편적으로 수용되는 국제법의 원칙"이 상충하는 경우 필리핀 법원은 우선 이 둘을 조화시키려고 시도할 것이나, 조화가 불가능한 경우에는 필리핀 국내법이 우선한다.

필리핀이 당사자인 조약이나 국제협약은 '조약준수' 원칙(*pacta suntan servanda*)에 따라 필리핀에 법적 구속력이 있다. 『1987년 헌법』 제7장 21조는 다음과 같이 규정한다.

> "어떠한 조약이나 국제협약도 상원 재적의원의 최소 3분의 2의 동의를 얻지 못한 경우에는 효력을 얻지 못한다."

### (5) 행정발행문(Executive Issuances)

모든 행정부, 국 및 실을 총괄하는 필리핀 대통령은 행정명령, 포고령 또는 기타 행정발행문을 통해 준 입법권을 행사한다. 그러나 이 행정발행문은 기존법을 위배해서는 안 된다. 행정명령과 지시문과 같은 기타 행정발행문은 법률의 정책 목표를 시행하거나 정부 행정조직의 내부 지도용으로 만들어진다. 포고령은 보통 쉬는날 또는 공휴일을 선언할 때 발표한다.

헌법에 따라 필리핀 군대의 통수권자인 대통령은 필요한 경우 언제든지 대통령 포고령 또는 행정명령을 통해 무법의 폭력, 침입 또는 반란을 방지하거나 진압하기 위해 비상지휘권을 행사하여 군대를 출동시킬 수 있다. 또한 대통령은 인신보호영장의 특권을 중지시키거나 필리핀을 계엄령하에 둘 수 있다. 그러나 의회는 양원 공동 표결로 정기 또는 특별 회기에 전체 의원의 다수결 득표를 통해 이러한 포고령 또는 중지를 철회할 수 있다. 대법원은 계엄령 선포 또는 인신보호영장 특권의 사실적 토대가 충분한지 여부를 검토할 수 있다(「1987년 헌법」 제7장 제18조 참조).

### (6) 법원 규칙

사법권은 하나의 대법원과 법률에 따라 설립될 수 있는 하급법원에 있다(「1987년 헌법」 제8장 제1조). 아울러 대법원은 헌법상의 권리의 보호와 집행, 소송절차, 법원에서의 관행 및 절차, 그리고 변호사협회와 관련된 규칙을 공포할 권한이 있다(제8장 5조 5항 참조). 이 권한을 행사하여 대법원은 이미 여러 규칙을 공포하였다. 주목할 만한 규칙은 법원규칙, *amparo*(헌법적 권리에 의해 보호받는 법적 구제장치) 영장규칙, *habeas data*(헌법적구제조치) 영장규칙, *kalikasan*규칙, 약식절차규칙, 용지이용규칙 등이 있다.

대법원은 변호사 시험의 과목 및 유형을 규정할 절대적 권한이 있다. 현재 변호사 시험은 8과목(정치법 및 국제공법, 노동법 및 사회법, 민법, 형법, 상사법, 세법, 구제법, 법조윤리)이다.

### (7) 운영발행문

통칙상 필리핀의 행정기관은 준 입법권을 가진다. 이 권한은 보통 해당 기관의 설립 근거가 된 헌장이나 법령에 명시된다. 준 입법권의 일반적인 예는 행정기관이 시행규칙 및 규정을 공포할 권한이다. 시행규칙 및 규정은 시행을 위임 받은 법률의 공백을 메우기 위해 제정된다. 이 권한은 하위법령의 성격이기 때문에 시행규칙 및 규정은 법의 한도를 벗어나서는 안 된다. 행정기관은 각 기관의 정책목표나 내부 사항용으로 회람문이나 메모를 발행할 수 있다. 근거가 된 헌장이 허용하거나 후속법이 준 사법권을 부여하는 경우, 행정기관은 자체 절차규정을 공포할 수 있다.

### (8) 지방조례

필리핀의 지역적·정치적 하부단위는 주, 시, 지자체 및 바랑가이이다. 무슬림 민다나오(Mindanao)와 코르디레라스(Cordilleras)에는 자치구역을 둔다(『1987년 헌법』 제10장 1조 참조). 지방정부조직(Local Government Unit, LGU)은 지역적 자율성을 향유하며 각자의 입법기관이 있다(『1987년 헌법』 제10장 2조 및 9조 참조). 지방정부조직의 입법권의 한계는 의회가 제정한 『지방정부법』(공화국법 7160)에 명시되어 있다.

자치지역과 관련해 무슬림 민다나오 내 방사모로(*Bangsamoro*) 자치구는 입법기관으로서 지역의회를 갖고 있다. 자치구의 권력은 기존 기본법(Organic Act, 공화국법 제6734호-공화국법 제9054호로 개정됨)을 폐지한 『방사모로 기본법』(Bangsamoro Organic Law, 공화국법 제11054호)에 상술되어 있다. 지방자치조직 및 방사모로 자치구는 지역적 자율성을 향유하는 반면, 자체 입법기관이 채택한 법률은 국법을 위반해서는 안 되며, 위반할 경우에는 위헌 또는 월권으로 무효화 될 수 있다.

## 5. 입법과정

### 1) 개요

입법권은 국민발의와 국민투표에 관한 조항에 따라 국민에게 유보된 경우를 제외하고 상원과 하원으로 구성된 필리핀 의회에 있다(헌법 제6장 1조). 의회 양원은 입법권 행사 시 동등하다. 필리핀 헌법규범에 따라 정부의 또 다른 동등한 기관인 행정부와 입법부는 의회의 지혜를 침해할 수 없다. 권력분립원칙은 헌법에 확고히 자리잡고 있지만 의회의 입법특권에 한계나 예외가 없는 것은 아니다. 행정부와 사법부는 입법부의 권한을 견제하고 균형을 유지할 수 있다. 한편, 대통령은 의회가 채택한 입법조치를 거부할 수 있으나 의회는 그 거부권을 번복할 권한이 있다. 반면에 대법원은 정당한 신청이 있고 해당 법률이 헌법을 위배한 경우에는 그 법을 위헌으로 선포할 수 있다.

그러나 대통령은 의회에 우선법안을 제출하고 즉각적인 법률 제정의 자격을 부여할 수 있다. 대통령이 법안에 긴급성을 부여하는 경우는 거의 없다. 제안 혹은 제의는 정부 단체, 변호단체 또는 이익단체가 할 수 있고 개인도 가능하다. 헌법은 의회에서 통과된 모든 법안은 그 법안의 명칭에 명시되어 있는 하나의 주제만을 포함해야 한다고 규정한다. 법안은 국가 재난이나 비상사태에 대처하기 위해 즉각적인 법률 제정의 필요성을 인정하는 경우를 제외하고는 각기 다른 날짜에 3회의 독회를 거쳐야 한다(헌법 제4장 26조 참조).

법률을 제정하려면 의회는 법안과 결의안이라는 두 종류의 입법문서를 작성한다. 결의안은 의회의 양원인 상원과 하원의 원칙 및 정서를 표현한 문서이다. 결의안은 합동 결의안, 공동 결의안 및 단순 결의안 세가지 형태가 있다. 법안은 발의된 법률안이나 제정과정에 있는 법률이다. 법안이 서명을 위해 대통령에게 이송되면 등록법안이 되고 대통령이 서명하거나 의회에서 이송한 이후 30일 내에 아무런 조치를 하지 않으면 정식 법률이 된다.

## 2) 입법절차

법률이 되기 전 법안은 의회 양원에서 동일한 입법절차를 거쳐야 한다. 입법절차는 상원이나 하원의 의원이 각 사무처장에게 법률안을 제출하면서 시작된다. 상원에 제출된 법안은 상원법안(Senate Bill)의 머리글자인 'S.B'와 일련번호가 부여되고 하원에 제출된 법안은 하원법안(House Bill)을 뜻하는 'H.B'와 일련번호가 부여된다. 법안은 양원 모두가 발의할 수 있다. 세출, 세입 또는 관세법안, 공공부채 증가를 승인하는 법안, 지방지출에 관한 법안, 사적 법안은 독점적으로 하원에서 발의한다(헌법 제6장 24조).

각 원의 본회의 중 법안의 1차 독회를 위한 날짜가 정해지고, 1차 독회에서 법안의 명칭과 번호 및 발의자의 이름을 읽은 후 해당 위원회에 회부한다. 위원회는 기술실무단의 지원을 받아 법안을 심사한다. 위원회는 전문가 및 이해당사자를 초청하여 권고의견을 듣는다. 이 단계를 거쳐 위원회는 법안을 수정하고 다듬는다. 극히 중요한 법안의 경우에 위원회는 공청회나 좌담회를 실시할 수 있다. 위원회는 법안을 철저히 심의한 후 찬성 또는 반대를 취할 수 있고, 찬성하는 경우 법안을 입법규칙위원회(Committee on Rules)에 제출하고 위원회는 2차 독회를 위한 날짜를 정한다. 반대의 경우에 법안은 백지화되어 발의자에게 결정이 통보되고 그 법안은 폐기된다.

해당 위원회의 심사를 통과한 후 법안의 2차 독회를 위한 날짜가 정해진다. 이 단계에서 발의자는 법률안 통과를 지지하는 연설을 한다. 이후 본회의 토론 날짜가 정해지고 이 단계에서 의회의원은 수정사항을 제안할 수 있다. 토론과 수정을 거쳐 법안은 표결에 부쳐진다. 법안이 본회의에서 필요한 과반수 득표를 받으면 3차 독회 일정이 정해진다. 법안이 통과되기 적어도 3일 전까지 최종 법안을 의회의원들에게 배포한다. 법안의 3차 독회일에 정족수가 채워지면 법안이 계류 중인 원에서 호명투표를 한다. 법안의 3차 독회가 끝나면 수정이 허용되지 않고 호명투표 중 의사록에 '찬성' 또는 '반대' 표결을 기록한다.

상원과 하원에 배포된 버전 간에 서로 상충되는 조항이 있는 경우, 해당 법안을 양원 의원으로 구성된 양원위원회(Bicameral Conference Committee)에 회부하여 차이점을 조정한다. 이 과정에서 양원위원회는 법안을 수정하거나 법안의 목적과 밀접한 관련이 있는 경우에 한해 신설 조항을 도입할 수 있다. 이후 비준을 위해 양원위원회 보고서를 제출한다. 비준된 법안은 출력하여 상원의장 및 하원의장이 서명한다(법안등록).

이후 '등록법안'은 대통령에게 이송되고, 대통령은 법안을 승인하거나 법안 전체 또는 일부에 대해 거부권을 행사할 수 있다. 대통령이 법안을 거부할 때는 거부 이유와 함께 법안을 최초 발의했던 의회로 환부되고, 해당 의회는 양원의 3분의 2의 표결로 거부권을 수용하거나 번복할 수 있다.

헌법조항에 따라 대통령이 법안 수령 후 30일 이내에 해당 법안에 아무런 조치를 취하지 않으면 그 법안은 법률로 제정된다. 최종 단계는 공포 단계이고, 법률은 필리핀 관보 또는 최소 2개의 전국적 신문에 게재 된 후 15일 후부터 효력이 발생한다.

## 6. 필리핀 기본법

### 1) 개요

필리핀 기본법은 정치/헌법, 민법, 상법, 형법, 세법, 노동법 및 구제법으로 구분할 수 있다. 이 법은 필리핀에서 변호사업을 하고자 하는 필리핀 시민이 변호사 시험에서 치러야 하는 8과목 중 일부이다.

### 2) 정치/헌법

필리핀에서 현재 시행 중인 헌법은 「1987년 필리핀공화국 헌법」이다. 이 헌법은 1986년 헌법제정회의(Constitutional Convention)의 산물이다. 헌법제정회의는 필리핀 역사상 EDSA 시민혁명(Edsa People Power)이라 알려진 대규모 시위로 마르코스 정권이 타도된 후 코라손 아키노 대통령이 주도했다. 그러나 이전 헌법인 「1935년 헌법」과 「1973년 헌법」에 규정된 대부분의 헌법원칙은 헌법해석에 있어 법원이 따르는 지침의 근원이고 일부는 여전히 지배적인 헌법원칙이다. 필리핀 대법원은 판결 시 미국 헌법에 따른 헌법원칙을 해석한 미국 판례를 흔히 인용한다. 학계에서 헌법에 규정된 필리핀 정부의 조직구성, 고유한 권한 및 권리장전 등에 관해 필리핀 헌법을 연구한다.

공무원, 선거 및 지방정부와 같은 헌법의 다른 주제들은 정치법에 포함된다. 선거에 대한 일반법은 「종합선거법」(Batas Pambansa Bld. 881, 개정)이다. 공무원에 대한 법률은 「옴부즈맨법」(공화국법 6770), 「국가공무원법」, 「뇌물 및 부패방지법」(공화국법 3019), 「공무원 및 공직자 행동강령 및 윤리기준」(공화국법6713)과 같은 여러 법령에 분산되어 있다. 지방정부에 대한 일반법은 「지방정부법」(공화국법 7160) 및 「무슬림 민다나오 자치구 기본법」(공화국법 9054)이다.

### 3) 민법

민사사항에 적용되는 일반법은 「필리핀 민법」이다(공화국법 386). 이 법은 통칙, 제1편, 제2편, 제3편 및 제4편으로 구성된다. 통칙은 법률의 효력, 저촉법, 선례구속의 근거, 권리포기 규정 및 인간관계와 같은 일반조항이다. 제1편은 대인(인격, 시민권, 주소 및 결혼)에 대한 규정이다. 그러나 결혼은 현재 별도의 법인 「필리핀가족법」(행정명령. No. 209)의 적용을 받는다. 가족법은 아키노 전 대통령이 입법권을 행사해 채택한 법률 중 하나이다. 제2편은 재산소유권 및 변경에 대한 규정이고, 제3편은 여러 소유권의 취득 방식(점유, 지적 창작, 증여, 상속 및 시효)에 대한 주제를 다룬다. 제4편은 의무 및 계약(신탁, 매각, 임대차, 노동, 물물교환, 공중운송업자, 파트너쉽, 에이전시, 대출, 예금, 사행적 계약, 화해 및 중재, 보증, 저당, 담보, 안티크레시스(antichresis, 역주: 채권자가 채무자의 부동산을 점유하고 원리금 대신 해당 부동산에서 발생하는 수익을 취하는 계약), 준 불법행위, 피해보상, 공동채권 및 우선채권)에 대한 법률에 따라 다양한 분야의 민법 주제를 다룬다.

### 4) 상법/상사법

파트너쉽, 에어전시, 보증, 대출, 매각 및 예금에 관한 민법 조항으로 인해 상법의 주요 조항 중 일부가 폐지되었기 때문에 필리핀의 상법 또는 상사법은 민법과 달리 하나의 상법전에 기재되어 있지 않다. 상업거래에 여전히 적용되고 있는 상법 조항은 영선, 모험대차, 레버리지, 해상무역, 선박저당계약, 선하증권, 보증, 횡선수표, 운송, 도착항이 아닌 항구에 도착(arrival under stress), 충돌, 공동계좌 및 신용장에 대한 조항이다. 다른 상업사항을 별도로 규정한 필리핀 상사법의 주요 목록은 다음과 같다. 『개정 법인법』(공화국법 11232), 『유통증권법』(Act No. 2031), 『1978년 보험법』, 『부도수표법』(BP 22), 『수입화물대도법』(PD 115), 『신용장 및 창고증권법』(Act No. 2137), 『증권법』, 『2004년 유동화법』, 『투자회사법』, 『신중앙은행법』, 『일반은행법』, 『은행예금비밀법』, 『동산저당법』, 『일괄판매법』, 『지적재산법』, 『필리핀 경쟁법』 및 그 외 특별법들이 있다.

### 5) 형법

형법에 대한 일반법은 『필리핀 개정형법』(법률번호 3815)으로 1930년에 최초로 채택되었다. 형법은 2편으로 구성된다. 개정형법 규정의 90퍼센트 이상은 채택된 이후에도 여전히 시행 중에 있다. 이 개정형법의 일부 조항은 이미 시대에 뒤쳐지기 때문에 폐지 또는 개정이 필요하다고 말하는 법학자도 있다. 제1편은 중죄의 정의, 형사책임에 영향을 주는 정황, 형사책임이 있다고 간주되는 사람, 벌칙 및 적용과 형사책임의 소멸과 같은 형법에 대한 일반조항을 명시하고 있다. 제2편은 범죄의 정의와 각 범죄에 적용되는 벌칙을 규정하고 있으며 14장으로 구성된다. 개정형법에 정의된 범죄 이외에 필리핀 의회는 수년 간 여러 특별 형법을 통과시켰다.

### 6) 세법

필리핀에서 주요 세법은 『내국세법』으로 『1997년 개정 세제개혁법』(공화국법 8424)으로도 알려져 있다. 이 법은 필리핀의 국세청 및 주요 세금징수기관의 조직을 설명한다. 이 법의 제2장(Title)은 소득세, 제3장은 상속세, 제4장은 부가가치세, 제5장은 비례세(Percentage Taxes), 제6장은 일부 상품에 대한 내국소비세, 제7장은 증권용 수입인지세를 규정한다. 납세자 구제책에 관한 조항은 제8장에 담겨있다. 제10장은 내국세법에 따른 법정범죄 및 각 범죄에 적용되는 벌칙을 규정한다. 필리핀의 다른 중요한 세법은 조세심판원의 관할권을 확장한 법률(공화국법 9282)이다. 관세 관련법은 개정 「필리핀 관세법」이고 「지방정부법」은 지방세 관련 규정이 포함되어 있다.

### 7) 노동법

필리핀은 전세계에서 가장 훌륭한 노동법을 가진 국가 중에 하나인데, 이 법은 대통령령 제442호로 제정되었고 「필리핀 노동법」으로 알려져 있다. 이 법은 전 독재자인 페르디난드 마르코스 대통령이 계엄정권 당시 제정한 최고의 법 중 하나이다. 이 법은 근로기준 조항과 노사관계조항으로 구분되며, 수년간 노사관계에 대한 개정을 몇 차례 거쳤다. 대표적 개정은 Herrera Law로 알려진 공화국법 제6715호로 노동자 보호를 확대하고, 노동자의 헌법적인 권리를 노조설립, 단체교섭 및 단체행동으로 강화하고, 산업계의 평화 및 조화를 장려하고, 자발적인 노동쟁의 해결방법의 우선적 사용을 촉진하고, 노사관계위원회의 조직을 개편했다. 국제노동기구(ILO) 회원국으로서 필리핀은 의회를 통해 공화국법 제9481호로 추가 개정하여 노동자들의 자체 조직 결성이라는 헌법적 권리를 강화했다. 노동자 보호를 위한 법적 토대는 이제 단순히 법률상의 보호가 아닌, 「1987년 필리핀공화국 헌법」 제8장 사회정의 및 인권에 규정된 헌법상의 보호이다. 앞서 언급한 두 차례 개정 이외에 노동법 조항은 후속법률로 개정되었다. 노동자 모집 및 알선은 「1995년 이주 노동자 및 재외필리핀인법」 즉, 공화국법 제8042호로 개정되었고 이후 공화국법 제10002호로 재개정되었다. 필리핀 의회는 「1997년 필리핀 사회보장법」(공화국법 제8282호)과 같은 여러 사회법령을 통과시켰다.

### 8) 구제법

변론 및 모든 법원절차와 변호사업 허가에 관련된 규정을 공포할 권한은 헌법에 의해 대법원에 예속된다. 현행 법원규칙은 5개 분야(「1997년 민사소송규칙」, 특별소송절차, 「2000년 형사소송규칙」, 「개정 증거규칙」 및 법조윤리)로 구분된다. 이들 규칙은 선거사건, 토지등록, 지적(地籍), 귀화 및 파산소송(적용 규칙이 불충분 할 때는 제외함)과 대법원이 별도로 규정한 경우(「법원규칙」 제3조 및 4조)를 제외하고 필리핀 모든 법원에 적용된다. "모든 소송을 공정, 신속, 저가로 처리하는 목표"(§ 6, RC)를 달성하기 위해 모든 법원은 법원 규칙을 자유롭게 해석하여야 한다. 최근 대법원은 「민사소송절차 및 증거에 관한 규칙」의 개정을 공포했고 「법학도 실무규칙」을 개정하여 법학도의 제한적인 변호사업 종사를 허용했다.

대법원은 특수사건 및 특수사항에 대한 「특별소송규칙」을 공포했다. 여기에는 「이슬람재판소(Shari'a Courts)에 적용되는 특별소송규칙」, 「개정 약식재판규칙」, 「소액재판규칙」 및 「사법진술서규칙」 등이 있다.

## 7. 필리핀 법률 검색방법

### 1) 개요

필리핀 법률 및 대법원 판결은 애초에 영어로 작성되기 때문에 인터넷을 통해 매우 쉽게 찾을 수 있다. 구글 검색엔진에 찾고자 하는 법명이나 사건명을 치면 무료로 다운로드 할 수 있는 여러 링크가 제공된다. 민간이 운영하는 사이트나 정부기관 공식 웹사이트를 선택할 수 있다.

### 2) 법령

법률 및 기타 정부 발행문을 열람하는데 널리 사용되는 웹사이트의 목록은 다음과 같다.

### (1) 무료

① www.gov.ph : 필리핀 관보
② www.senate.gov.ph : 필리핀 상원 웹사이트
③ www.congress.gov.ph : 필리핀 하원 웹사이트
④ www.lawphil.net-Lawphil : 아렐라노 법률재단(Arellano Law Foundation)이 자체 정보기술센터를 통해 제공하는 법률 웹사이트 프로젝트
⑤ www.chanrobles.com : 챈 로블스 법률회사(Chan Robles Law Firm) 소유의 웹사이트

### (2) 가입

① www.cdasiaonline.com : CD Technologies Asia, Inc 소유. 필리핀에서 필리핀 법률을 디지털화한 첫 번째 회사이다.
② www.mylegalwhiz.com : 필리핀 법률지식에 대한 매우 혁신적인 사이트로 'LEA (Legal Engineer Assistant)' 메뉴가 있어 질문을 하면 리서치 서비스를 제공한다.
③ www.central.com.ph : Central Bookstore의 eSCRA는 널리 인용된 대법원 판결문(Supreme Court Reports Annotated, SCRA) 디지털 서비스이다.

## 3) 대법원 판결

대법원 판결문 및 발행문은 공식 웹사이트인 www.sc.judiciary.gov.ph 또는 www.lawphil.net에서 볼 수 있다.

판결문 요약 및 해석을 구독하려면 www.cdasiaonline.com, www.mylegalwhiz.com 및 www.central.com.ph를 방문하기를 권한다.